"十三五"国家重点图书
"不忘初心、牢记使命"主题教育重点图书

绿色发展新理念
绿色机关

生态环境部宣传教育中心 ◇ 主编

人民日报出版社

图书在版编目（CIP）数据

绿色发展新理念·绿色机关 / 生态环境部宣传教育中心主编. -- 北京：人民日报出版社，2019.5
ISBN 978-7-5115-5759-9

Ⅰ.①绿… Ⅱ.①环… Ⅲ.①绿色经济－经济发展－研究－中国 Ⅳ.①F124.5

中国版本图书馆CIP数据核字(2018)第288501号

书　　名：	绿色发展新理念·绿色机关
作　　者：	生态环境部宣传教育中心
出 版 人：	董　伟
责任编辑：	袁兆英　刘晴晴
封面设计：	邢海燕
出版发行：	人民日报出版社
社　　址：	北京金台西路2号
邮政编码：	100733
发行热线：	（010）65369509　65369527　65369846　65363528
邮购热线：	（010）65369530　65363527
编辑热线：	（010）65363105
网　　址：	www.peopledailypress.com
经　　销：	新华书店
印　　刷：	大厂回族自治县彩虹印刷有限公司
开　　本：	880mm×1230mm　1/32
字　　数：	121千字
印　　张：	5.25
印　　次：	2019年6月第1版　2019年6月第1次印刷
书　　号：	ISBN 978-7-5115-5759-9
定　　价：	37.00元

习近平谈生态文明

加快生态文明体制改革,建设美丽中国。

——党的十九大报告

生态文明建设是关系中华民族永续发展的根本大计。生态兴则文明兴,生态衰则文明衰。

——在全国生态环境保护大会上的重要讲话

2018年5月18日

我们要建设的现代化是人与自然和谐共生的现代化,既要创造更多物质财富和精神财富以满足人民日益增长的美好生活需要,也要提供更多优质生态产品以满足人民日益增长的优美生态环境需要。

——党的十九大报告

生态环境是关系党的使命宗旨的重大政治问题,也是关系民生的重大社会问题。

——在全国生态环境保护大会上的重要讲话

2018年5月18日

我们既要绿水青山,也要金山银山。宁要绿水青山,不要金山银山,而且绿水青山就是金山银山。我们绝不能以牺牲生态环境为代价换取经济的一时发展。我们提出了建设生态文明、建设美丽中国的战略任务,给子孙留下天蓝、地绿、水净的美好家园。

——在哈萨克斯坦纳扎尔巴耶夫大学的讲演

2013年9月7日

倡导简约适度、绿色低碳的生活方式,反对奢侈浪费和不合理消费,开展创建节约型机关、绿色家庭、绿色学校、绿色社区和绿色出行等行动。

——党的十九大报告

编委会

总　　序　曲格平　　　顾　　问　解振华

主　　编　贾　峰　　　副 主 编　闫世东　张建宇

执行主编　曾红鹰

《绿色发展新理念·绿色机关》

主　　　　编　王菁菁

本书编写人员　樊伊睿　黄争超　袁　轶　刘之杰

　　　　　　　鄞婧轩　唐大为

总 序

生态文明建设是关系中华民族永续发展的根本大计。党的十八大以来,以习近平同志为核心的党中央站在坚持和发展中国特色社会主义、实现中华民族伟大复兴中国梦的战略高度,把生态文明建设和生态环境保护摆在治国理政的重要位置,谋划开展了一系列根本性、开创性、长远性工作,推动生态文明建设从实践到认识发生历史性、转折性、全局性变化。

2018年5月召开的全国生态环境保护大会正式确立了习近平生态文明思想,这是大会最大的亮点,是标志性、创新性、战略性的重大理论成果。习近平生态文明思想内涵十分丰富,集中体现为生态兴则文明兴、生态衰则文明衰的深邃历史观,人与自然和谐共生的科学自然观,绿水青山就是金山银山的绿色发展观,良好生态环境是最普惠的民生福祉的基本民生观,山水林田湖草是生命共同体的整体系统观,用最严格制度保护生态环境的严密法治观,全社会共同建设美丽中国的全民行动观,共谋全球生态文明建设的共赢全球观。习近平生态文明思想是习近平新时代中国特色社会主义思想的重要组成部分,深刻回答了"为什么建设生态文明、建设什么样的生态文明、怎样建设生态文明"等重大理论和实践问题。

做好新时代生态环境保护工作,最根本的就是要深入学习贯彻习近平生态文明思想和全国生态环境保护大会精神。习近平总书记在全国生态环境保护大会上强调,要自觉把经济社会发展同生态文明建设统筹起来，加快形成绿色发展方式和生活方式。在2018年中央经济工作会议上，总书记将加快绿色发展作为我国重要战略机遇期的新内涵。党的十九大报告特别指出，我们要建设的现代化是人与自然和谐共生的现代化，既要创造更多物质财富和精神财富以满足人民日益增长的美好生活需要，也要提供更多优质生态产品以满足人民日益增长的优美生态环境需要。

推进绿色发展是实现人与自然和谐共生的必由之路。党的十九大报告指出，要加快建立绿色生产和消费的法律制度和政策导向，建立健全绿色低碳循环发展的经济体系。构建市场导向的绿色技术创新体系，发展绿色金融，壮大节能环保产业、清洁生产产业、清洁能源产业。推进能源生产和消费革命，构建清洁低碳、安全高效的能源体系。推进资源全面节约和循环利用，实施国家节水行动，降低能耗、物耗，实现生产系统和生活系统循环链接。倡导简约适度、绿色低碳的生活方式，反对奢侈浪费和不合理消费，开展创建节约型机关、绿色家庭、绿色学校、绿色社区和绿色出行等行动。我们要坚定不移贯彻绿色发展理念，进一步发挥生态环境保护的倒逼作用，加快推动经济结构转型升级、新旧动能接续转换，在高质量发展中实现高水平保护、在高水平保护中促进高质量发展。

如何把绿色发展方式和生活方式的新理念贯穿到中小学、大学、社区、家庭、乡村、企业、机关，让更多的人选择绿色出行、绿色消费，了解绿色学习中心、绿色建筑、绿色供应链，是我们在新时代践行绿色发展需要大力解决的实际问题。为此生态环境部宣传教育中心组织了有关部属单位以及清华大学、北京师范大学、首都师范大学、北京教育科学研究院、北京市环境保护宣传中心、江苏省环境保护宣

总　序

传教育中心、中环联合（北京）认证中心有限公司、公众与环境研究中心（IPE）等机构的数十位专家及学者共同编写了这套"绿色发展新理念·建设美丽中国"系列丛书。

"绿色发展新理念·建设美丽中国"系列丛书包括《绿色发展新理念·绿色乡村》《绿色发展新理念·绿色学校》《绿色发展新理念·绿色家庭》《绿色发展新理念·绿色机关》《绿色发展新理念·绿色企业》《绿色发展新理念·绿色大学》《绿色发展新理念·绿色消费》《绿色发展新理念·绿色建筑》《绿色发展新理念·绿色供应链》《绿色发展新理念·绿色学习中心》《绿色发展新理念·绿色出行》《绿色发展新理念·绿色社区》，共计12册。本套丛书旨在全面落实习近平生态文明思想和全国生态环境保护大会精神，推动形成绿色发展方式和生活方式，提高社会公民，尤其是基层干部、教育工作者、社区和企事业单位管理者对绿色发展的理解，并为其提供可操作性强的实践方法，激发全社会践行绿色发展的自觉性和主动性。

本套丛书的编写人员"术业有专攻"，在深入学习领会习近平生态文明思想和全国生态环境保护大会精神，以及广泛参阅文献的基础上结合相关实践经验编写完成。本套丛书的亮点在于不仅展现了我国生态文明建设的最新成果，还详细列举了许多国内外的成功经验与做法，内容科学准确，可以作为各个领域特别是干部和公众进一步深入学习贯彻习近平生态文明思想的操作指南，具有较强的可读性和借鉴意义。

曲格平

2019年3月于北京

前 言

党的十八大以来，我国政府始终把生态文明建设摆在治国理政的重要战略位置。习近平总书记多次指出，绿水青山就是金山银山，保护生态环境就是保护生产力，改善生态环境就是发展生产力，像对待生命一样对待生态环境，推动形成绿色发展方式和生活方式。这些重要战略思想带来了发展理念和执政方式的深刻转变，为正确处理好发展与保护的关系，实现人与自然和谐共生提供了思想指引和行动指南，推动我国生态环境保护从认识到实践发生了历史性、转折性和全局性变化，认识程度之深、治理力度之大、政策举措之实、执法督察之严、环境改善之快，都是前所未有的。

党的十九大报告中提出："推进绿色发展。……倡导简约适度、绿色低碳的生活方式，反对奢侈浪费和不合理消费，开展创建节约型机关、绿色家庭、绿色学校、绿色社区和绿色出行等行动。"其中，报告将节约型机关放在首位，体现了政府机关在绿色发展方面应起到率先垂范的引领作用。勤俭节约是中华民族的传统美德，绿色发展是新时代的发展理念，将二者有机结合，用以约束政府机关综合高效利用能源资源，减少建材和办公耗材的消费，倡导领导干部带头践行绿色发展理念，为全社会树立良好风尚，起到引领作用。

为贯彻落实党的十九大精神、推动生态文明建设，生态环境部宣传教育中心策划主编了"绿色发展新理念·建设美丽中国"系列丛书，本书是其中一册，共分五章，分别从绿色机关创建的时代背景和指导思想、核心概念和涵盖内容、实践方法和指导意见、国内外相关案例和实践经验，以及对未来的发展展望等方面展开系统介绍，旨在为绿色机关创建工作做好宣传推广，为基层政府机关更好地贯彻落实绿色发展理念提供参考借鉴，为全社会共同践行简约适度、绿色低碳的生活方式提供学习指南。本书第一章、第二章、第三章和第五章由王菁菁负责撰写，樊伊睿和黄争超共同完成第四部分撰写，最终由王菁菁统稿完成。

本书在资料收集和编写过程中得到了全国人民代表大会环境与资源保护委员会办公室主任邵勇、国家机关事务管理局人事司司长孙丽霞及中央国家机关政府采购中心党委书记张世良等领导同志的关心与帮助，公共机构节能管理司为本书提供了节约型机关创建方面的官方数据和参考资料，北京西尔云教育科技有限公司的袁轶、生态环境部宣教中心的刘之杰、鄞婧轩认真审阅本书内容，提出宝贵的修改意见。本书在编写过程中，得到了生态环境部宣传教育中心贾峰、闫世东、曾红鹰及美国环保协会北京代表处张建宇等领导的指导，在此一并表示衷心的感谢。

由于时间和水平所限，书中内容难免会有不完善之处，尚祈读者批评指正。

王菁菁
2019年1月

目录 Contents

第一章　关于背景——推进绿色发展 创建绿色机关 / 1

　　第一节　党的十八大以来生态文明建设理念与实践 / 4

　　第二节　党的十九大报告中的绿色发展理念 / 11

　　第三节　应对气候变化　展现大国担当 / 15

第二章　关于核心——全面了解绿色机关 / 19

　　第一节　深入了解绿色机关 / 23

　　第二节　绿色机关面面观 / 36

第三章　关于实践——如何创建绿色机关 / 65

　　第一节　创建绿色机关的指导思想 / 67

　　第二节　创建绿色机关的具体做法 / 71

第四章　关于经验——国内外绿色机关创建案例及成效 / 89

　　第一节　中央政府及国家机关创建绿色机关的主要做法及案例 / 91

　　第二节　地方政府创建绿色机关的主要做法及案例 / 102

　　第三节　国外创建绿色机关的主要做法及经验 / 124

第五章　关于未来——迎接新挑战　踏上新征程 / 141

　　第一节　践行绿色发展理念　建设美丽中国 / 143

　　第二节　应对气候变化目标　贡献中国方案 / 146

参考文献 / 148

第一章

关于背景——推进绿色发展 创建绿色机关

坚持人与自然和谐共生。建设生态文明是中华民族永续发展的千年大计。必须树立和践行绿水青山就是金山银山的理念，坚持节约资源和保护环境的基本国策，像对待生命一样对待生态环境，统筹山水林田湖草系统治理，实行最严格的生态环境保护制度，形成绿色发展方式和生活方式，坚定走生产发展、生活富裕、生态良好的文明发展道路，建设美丽中国，为人民创造良好生产生活环境，为全球生态安全做出贡献。

——摘自党的十九大报告原文

2017年10月24日，中国共产党第十九次全国代表大会胜利闭幕，此次大会吸引了国际国内社会密切关注。党的十九大是党领导人民开启全面建设社会主义现代化国家新征程的一次大会，是党团结带领全国各族人民奋力夺取新时代中国特色社会主义伟大胜利、实现中华民族伟大复兴的重大时代标志。

党的十九大报告浓墨重彩对生态环境保护和生态文明建设进行了全面总结和重点部署，提出了一系列新变革、新理念、新要求、新目标和新部署。在新变革方面，将"生态文明建设成效显著"，作为过去五年取得历史性成就、发生历史性变革的十个方面之一。在新理念方面，将"坚持人与自然和谐共生"作为新时代坚持和发展中国特色社会主义基本方略的重要内容，同时提出生态文明建设是中华民族永续发展的千年大计等新论断。在新要求方面，紧扣我国社会主要矛盾发生变化，提供更多优质生态产品以满足人民日益增长的优美生态环境需要，这是统领当前和未来生态环境保护和生态文明建设的新的根本要求。在新目标方面，到2020年，坚决打好污染防治攻坚战；到2035年，生态环境根本好转，美丽中国目标基本实现；到21世纪中叶，把我国建成富强民主文明和谐美丽的社会主义现代化强国。在新部署方面，从推进绿色发展、着力解决突出环境问题、加大生态系统保护力度、改革生态环境监管体制等四个方面，对生态环境保护和生态文明建设进行部署，力度更大、措施更严、要求更高。

本章将从回顾党的十八大以来生态文明建设理念与实践、党的十九大报告中的绿色发展理念以及国际应对气候变化形势等三个方面系统分析推进绿色发展、创建绿色机关的时代背景，进一步明确创建绿色机关是国家各级党政机关、事业单位践行绿色发展理念、落实生态文明建设的重要举措，应在实现节约资源、节能减排方面切实做出表率。

第一节　党的十八大以来生态文明建设理念与实践

生态文明建设成效显著。大力度推进生态文明建设，全党全国贯彻绿色发展理念的自觉性和主动性显著增强，忽视生态环境保护的状况明显改变。生态文明制度体系加快形成，主体功能区制度逐步健全，国家公园体制试点积极推进。全面节约资源有效推进，能源资源消耗强度大幅下降。

——摘自党的十九大报告原文

生态文明建设，是以习近平同志为核心的党中央准确把握我国发展阶段特性、为实现中华民族永续发展所做出的重大战略决策。党的十八大以来，以习近平同志为核心的党中央立足坚持和发展中国特色社会主义、实现中华民族永续发展的战略高度，始终把生态文明建设放在治国理政的重要战略位置，作为统筹推进"五位一体"总体布局和协调推进"四个全面"战略布局的重要举措，以全新的理念指导生态文明建设，大力开展了一系列开创性、长远性的生态文明建设重大实践，为破解发展的资源环境瓶颈制约提供了有效方案。

中央对生态文明建设部署的频度之高、推进力度之大，前所未有。党的十八大审议通过《中国共产党章程（修正案）》，将"中国共产党领导人民建设社会主义生态文明"写入党章，作为行动纲领；

十八届三中全会提出加快建立系统完整的生态文明制度体系；十八届四中全会要求用严格的法律制度保护生态环境；十八届五中全会提出"五大发展理念"，将绿色发展作为"十三五"乃至更长时期经济社会发展的一个重要理念，成为党关于生态文明建设、社会主义现代化建设规律性认识的最新成果。走向生态文明新时代，建设美丽中国，是实现中华民族伟大复兴的中国梦的重要内容。

一、习近平总书记关于生态文明建设的重要论述

"生态兴则文明兴，生态衰则文明衰。"这是习近平总书记关于生态文明的重要论述，既是对文明变迁的历史反思，也是对当今世界的现实写照。党的十八大以来，习近平总书记以强烈的历史担当、非凡的理论勇气、高超的政治智慧、深厚的人民情怀和宽阔的国际视野，提出生态文明建设和生态环境保护的一系列新理念新思想新战略，深刻回答了为什么建设生态文明、建设什么样的生态文明、怎样建设生态文明等重大问题，成为习近平新时代中国特色社会主义思想的重要组成部分，为推动人与自然和谐共生、建设美丽中国提供了思想指引、实践遵循和前进动力。

1. 必须立足人与自然是生命共同体的科学自然观

习近平总书记指出，人与自然是生命共同体，人类必须尊重自然、顺应自然、保护自然，这是对东方文化中和谐平衡思想的深刻理解。长期以来，"先污染，后治理"一度成为世界各国经济发展的定式，而基于东方智慧的生态文明之路，正是中国为永续发展所进行的

伟大实践。这一论述要求我们必须把生态文明建设摆在全局工作的突出地位，坚持节约资源和保护环境的基本国策，坚持节约优先、保护优先、自然恢复为主的方针，坚定走生产发展、生活富裕、生态良好的文明发展道路，构建人与自然和谐发展现代化建设新格局。

2. 必须树立绿水青山就是金山银山的绿色发展观

2005年，时任浙江省委书记的习近平同志在安吉县余村考察时，提出"绿水青山就是金山银山"的经典论述。这一论述深刻揭示了发展与保护的本质关系，更新了关于自然资源的传统认识，打破了发展与保护对立的思维束缚，彰显了以习近平同志为核心的党中央对人类文明、自然规律、发展规律的深刻认识，这是发展理念和方式的重大转变，更是执政理念和方式的深刻变革，目前已经成为全社会共识。

3. 必须坚持满足人民日益增长的优美生态环境需要的基本民生观

习近平总书记指出，环境就是民生，青山就是美丽，蓝天也是幸福。生态环境没有替代品，用之不觉，失之难存。当前，我国社会主要矛盾已经转化为人民日益增长的美好生活需要和不平衡不充分的发展之间的矛盾。必须坚持以人民为中心的发展思想，坚决打好污染防治攻坚战，提供更多优质生态产品供给，满足人民群众对良好生态环境新期待，提升人民群众的获得感、幸福感。

4. 必须把握统筹山水林田湖草系统治理的整体系统观

习近平总书记强调，坚持山水林田湖草是一个生命共同体。生态是统一的自然系统，是各种自然要素相互依存而实现循环的自然链条。必须按照生态系统的整体性、系统性及其内在规律，统筹考虑自然生态各要素、山上山下、地上地下、陆地海洋以及流域上下游，实行整体保护、宏观管控、综合治理，增强生态系统循环能力，维护生态平衡。

5. 必须遵循实行最严格生态环境保护制度的严密法治观

习近平总书记指出，只有实行最严格的制度、最严明的法治，才能为生态文明建设提供可靠保障。对破坏生态环境的行为，不能手软，不能下不为例。必须按照源头严防、过程严管、后果严惩的思路，构建产权清晰、多元参与、激励约束并重、系统完整的生态文明制度体系，建立有效约束开发行为和促进绿色发展、循环发展、低碳发展的生态文明法律体系，发挥制度和法治的引导、规制等功能，为生态文明建设提供体制机制保障。

6. 必须胸怀建设清洁美丽世界的共赢全球观

习近平总书记强调，人类是命运共同体，建设绿色家园是人类的共同梦想。生态危机、环境危机成为全球挑战，没有哪个国家可以置身事外，独善其身。国际社会应该携手同行，构筑尊崇自然、绿色发展的生态体系，共谋全球生态文明建设之路，保护好人类赖以生存的地球家园。建设生态文明既是我国作为最大发展中国家在可持续发展方面的有效实践，也是为全球环境治理提供的中国理念、中国方案和中国贡献。

二、生态文明建设实践取得的显著成就

在习近平总书记生态文明建设重要战略思想指引下，我国生态环境保护从认识到实践发生历史性、转折性、全局性变化，生态文明建设成效显著，美丽中国建设迈出重要步伐。党的十八大以来的五年，成为生态文明建设和生态环境保护认识最深、力度最大、举措最实、推进最快、成效最好的时期，取得了历史性成就、发生了历史性变革。五年来，地变绿了，水变清了，天变蓝了，这是不少国人的感受，是我国生态文明建设初见成效的标志；五年来，以习近平同志为核心的党中央深谋远虑谋篇布局，大刀阔斧进行制度改革，坚定不移贯彻创新、协调、绿色、开放、共享的发展理念，中国正在努力探索一条超越传统增长模式的绿色发展道路。

1. 思想认识程度加深

全党全国贯彻绿色发展理念的自觉性和主动性显著增强，忽视生态环境保护的状况明显改变。越来越多的地方把推进生态文明建设、加强生态环境保护作为机遇和重要抓手，努力走发展经济和保护生态环境的双赢之路。绿色消费、共享经济快速发展，全社会关心环境、参与环保、贡献环保的行动更加自觉。

2. 污染治理力度加大

国务院发布实施大气、水、土壤污染防治三大行动计划，坚决向污染宣战。推进供给侧结构性改革，加大化解钢铁、煤炭等过剩产能

和淘汰落后产能工作力度，单位产品主要污染物排放强度、单位GDP能耗不断降低，资源能源效率不断提升。我国能源消费结构发生积极变化，中国已成为全球最大的可再生能源生产和消费国，最大的新能源汽车生产和消费国，在水电、风电、太阳能发电装机规模和核电在建规模上，中国均居世界第一位。环境基础设施建设加速推进，中国已成为全世界污水处理、垃圾处理能力最大的国家。

3. 制度出台频度密集

《关于加快推进生态文明建设的意见》《生态文明体制改革总体方案》相继出台。中央全面深化改革领导小组审议通过40多项生态文明和环境保护具体改革方案，一批具有标志性、支柱性的改革举措陆续推出。开展四批中央环保督察，实现31个省（区、市）全覆盖，问责1万余人，有力落实环保"党政同责""一岗双责"，推动解决了一大批突出环境问题。有关部门联合印发《绿色发展指标体系》《生态文明建设考核目标体系》，推进自然资源资产负债表编制和离任审计试点，推动落实《党政领导干部生态环境损害责任追究办法（试行）》，形成职责明确、追责严格的责任制度链条。

4. 监管执法尺度严格

环境保护法、大气污染防治法、水污染防治法、环境影响评价法、环境保护税法、核安全法等多部重要法律完成制定修订，土壤污染防治法正式发布施行。特别是被称为"史上最严"的新环境保护法从2015年实施以来，在打击环境违法行为方面力度空前。

5. 环境改善速度加快

2018年,生态环境质量持续改善。全国338个地级及以上城市优良天数比例达到79.3%,同比上升1.3个百分点;细颗粒物(PM2.5)平均浓度达到39微克/立方米,同比下降9.3%。京津冀及周边地区、长三角、汾渭平原PM2.5浓度同比分别下降11.8%、10.2%、10.8%。全国地表水优良(Ⅰ—Ⅲ类)水质断面比例从2017年的67.9%提高到71%,上升3.1个百分点;劣Ⅴ类断面比例从8.3%下降到6.7%,降低1.6个百分点。近岸海域水质总体稳中向好。全国主要污染物排放量和单位GDP二氧化碳排放量进一步下降。

第二节　党的十九大报告中的绿色发展理念

推进绿色发展。加快建立绿色生产和消费的法律制度和政策导向，建立健全绿色低碳循环发展的经济体系。构建市场导向的绿色技术创新体系，发展绿色金融，壮大节能环保产业、清洁生产产业、清洁能源产业。推进能源生产和消费革命，构建清洁低碳、安全高效的能源体系。推进资源全面节约和循环利用，实施国家节水行动，降低能耗、物耗，实现生产系统和生活系统循环链接。倡导简约适度、绿色低碳的生活方式，反对奢侈浪费和不合理消费，开展创建节约型机关、绿色家庭、绿色学校、绿色社区和绿色出行等行动。

——摘自党的十九大报告原文

一、党的十九大报告：生态文明建设和绿色发展的路线图

党的十九大报告将生态文明提高到了千年大计的新高度，提出了建设生态文明和美丽中国的战略目标和重点任务，是新时代建设生态文明和美丽中国的指导方针和基本遵循。七个月后，习近平总书记在全国生态环境保护大会上的重要讲话中，将生态文明建设上升为关系中华民族永续发展的根本大计。党的十九大报告对于生态文明建设和绿色发展的高度重视，表明我国生态文明建设和绿色发展将迎来新的战略机遇，为

未来中国的生态文明建设和绿色发展指明了方向、规划了路线。

1. 积极探索建设美丽中国

认真学习贯彻落实习近平新时代中国特色社会主义思想，自觉践行习近平生态文明思想，牢固树立社会主义生态文明观，坚决打好污染防治攻坚战，建设美丽中国，创造良好生产生活环境，还自然以宁静、和谐、美丽。

2. 加快推动形成绿色发展方式和生活方式

坚持人与自然和谐共生，践行绿水青山就是金山银山的理念，构建并严守生态功能保障基线、环境质量安全底线、自然资源利用上线三大红线，建立健全绿色低碳循环发展的经济体系，推进能源生产和消费革命，推进资源全面节约和循环利用。构建政府为主导、企业为主体、社会组织和公众共同参与的环境治理体系。

3. 切实解决突出环境问题

坚持全民共治、源头防治，持续实施大气污染防治行动计划，坚决打赢蓝天保卫战。加快水污染防治，实施流域环境和近岸海域综合治理。强化土壤污染管控和修复，加强农业面源污染防治，开展农村人居环境整治行动。有效防范和化解环境风险，加强固体废弃物和垃圾处置，严格核与辐射安全监管，坚决守牢环境安全底线。

4. 加大生态系统保护力度

实施重要生态系统保护和修复重大工程，优化生态安全屏障体系，提升生态系统质量和稳定性。完成生态保护红线、永久基本农田、城镇开发边界三条控制线划定工作。加强自然保护区综合管理，构建生物多样性保护网络，增加优质生态产品供给。

5. 深化生态环保领域改革

统筹抓好中央已出台改革文件的贯彻落实，谋划推动好新的改革举措。完善生态环境管理制度，加快构建政府为主导、企业为主体、社会组织和公众共同参与的环境治理体系。强化排污者责任，健全环保信用评价、信息强制性披露、严惩重罚等制度，坚决遏制环境污染和生态破坏行为。

6. 积极参与全球环境治理

深度参与环境国际公约谈判，承担并履行好同发展中大国相适应的国际责任。加强与世界各国、区域和国际组织在环境治理领域的对话交流与务实合作，引进先进理念、人才、技术装备、管理经验和资金。推动生态文明理念走出去，做全球生态文明建设的重要参与者、贡献者和引领者。

二、节约能源资源　推进绿色发展

习近平总书记在党的十九大报告中提出了推进绿色发展的新观点、新理念、新思想、新任务、新举措，这对指导和推进公共机构绿色发展具有重大的现实意义和深远的指导意义。节约能源资源，是推进绿色发展的重要内容和根本途径。公共机构特别是党政机关，在节约资源能源、推进绿色发展中承担着重要的职责和义务,发挥着重要的示范引导作用。

1. 推进绿色发展,思想理念先行

要充分认识推进绿色发展的重要性和紧迫性,认真贯彻落实节约资源和保护环境的基本国策,全面节约和高效利用能源资源。要正确处理节能环保与业务发展的关系,精心协调降低能源资源成本与保障业务需求的关系,既要固牢厉行勤俭节约的思想,又要树立集约高效环保的理念;既要把节约使用能源资源作为内在要求,又要把集约利用能源资源作为发展目标;既要推进生产过程的"绿色化",又要推进消费环节"绿色化"。要牢固树立节约集约循环利用的资源观,把节约能源资源作为推进绿色发展根本之策,降低能源资源消耗,提高能源资源效率。要牢固树立生态价值理念和生态道德观念,把推进生态文明建设与精神文明建设结合起来,提高践行绿色消费方式、生活方式的思想和行动自觉。

2. 推进绿色发展,贵在实际行动

推进党政机关节约能源资源,既是推进绿色发展的组成部分,又是生态文明建设的重要内容;既直接为绿色发展服务,又助推生态文明建设。党政机关要以生态文明建设为统领,以节约型机关建设为主线,把推进党政机关绿色发展贯穿于业务建设、环境保障的各个方面和各个环节,开展节约型、绿色化机关创建行动,落实能源和水资源总量与强度双控措施,推广应用节能节水新技术、新工艺和新产品,抓好节地、节水、节电、节气、节材工作,形成勤俭节约、节能环保、绿色低碳、文明健康的工作和生活方式。

第三节　应对气候变化　展现大国担当

坚持推动构建人类命运共同体。中国人民的梦想同各国人民的梦想息息相通，实现中国梦离不开和平的国际环境和稳定的国际秩序。必须统筹国内国际两个大局，始终不渝走和平发展道路、奉行互利共赢的开放战略，坚持正确义利观，树立共同、综合、合作、可持续的新安全观，谋求开放创新、包容互惠的发展前景，促进和而不同、兼收并蓄的文明交流，构筑尊崇自然、绿色发展的生态体系，始终做世界和平的建设者、全球发展的贡献者、国际秩序的维护者。

——摘自党的十九大报告原文

一、全球共同面临的环境问题

众所周知，全球环境已经遭到严重破坏，人类文明赖以存在的正常气候平衡已经被扰乱。能源气候时代已经悄然而至。"绿色"不再是流行口号，也不是好好做就能在两年内得到回报的东西。绿色是发展、制造、工作及生活的方式。当把所有的成本都纳入决策，绿色环保就成了效率高、成本低和最时尚的做事方式。绿色从一种流行选择变成一种战略必需和发展方式，为各国未来的发展提供巨大的机遇。

应对气候变化是全人类共同的责任，是为我们的后代创造美好生存环境的必由之路。人类社会发展至今，创造了发达的物质文明和令人骄傲的精神文明，但也付出了沉重的代价。应对全球气候变化不仅关乎人类生存的重大问题，还是全球公平发展的现实要求，低碳转型成为人类社会共同关注的议题，国际社会开始行动，共同研究节能减排的办法给地球降温，由此就有了联合国数次气候大会，有了各国共同参与制定的《气候变化公约》，有了划时代意义的《京都议定书》。从《京都议定书》到《多哈修正案》，再到《巴黎协定》，人类应对气候变化的步伐从未停止。但发展的地区差异、经济发展与应对气候变化在一定范围内的相互冲突，让世界各国应对气候变化的步伐略显沉重。

二、展现大国担当，勇担节能减排重任

中国的环境问题也不容忽视。党的十九大报告明确指出，发展不平衡不充分的一些突出问题尚未解决，发展质量和效益还不高，创新能力不够强，实体经济水平有待提高，生态环境保护任重道远。作为资源需求大国和当今世界发展最快的国家之一，如果中国要在一个拥挤的世界里继续走发达国家以牺牲环境来换取发展和财富的老路，注定会对地球造成不可恢复的破坏。

作为世界上最大的发展中国家，作为应对全球气候变化的积极践行者，中国积极参与全球环境治理，落实减排承诺，在应对气候变化问题上发挥着关键作用。根据中国工程院的有关研究，能源、气候与环境保护具有同源的特点，降低二氧化碳排放强度也有利于环境保护。因此，促进绿色低碳发展是应对气候变化的必然要求。中国正在

采取更加一系列卓有成效的措施推动二氧化碳减排，制定了"到2020年国内单位GDP二氧化碳排放比2005年降低40%—45%"的国家目标。我国消耗臭氧层物质的淘汰量占发展中国家总量的50%以上，成为对全球臭氧层保护贡献最大的国家。

中国在应对气候变化问题上不仅自身积极兑现承诺，更是全球共同应对这一问题时的沟通使者，体现出中国作为最大的发展中国家在应对气候变化问题上的责任与担当。我国已批准加入30多项与生态环境有关的多边公约或议定书，引导应对气候变化国际合作，成为全球生态文明建设的重要参与者、贡献者、引领者。我国率先发布《中国落实2030年可持续发展议程国别方案》，向联合国交存气候变化《巴黎协定》批准文书，积极履行《生物多样性公约》和《蒙特利尔议定书》等国际环境公约。中国积极引导应对气候变化国际合作，贡献中国智慧，充当传递"正能量"的使者，成为全球生态文明建设的重要参与者、贡献者、引领者。

第二章

关于核心——全面了解绿色机关

号外：2017年11月7日，联合国波恩气候大会上，中国国家发展改革委、国家机关事务管理局在此联合举办了"中国角"首场活动——"能效提升对应对全球气候变化的贡献"边会。

国家机关事务管理局副局长陈建明出席了首场边会并致辞。陈建明向与会各国代表们介绍，中国公共机构数量众多，既是能源资源的消费者，也是节约能源资源、保护生态环境的责任主体，在全社会绿色低碳发展中具有重要的地位和作用。

中国政府高度重视公共机构节能工作，将其作为一个特别的体系来专门部署。近几年，国家机关事务管理局组织中国公共机构开展了绿色照明、绿色数据中心、既有建筑供热计量和节能改造等工作，创建了2050家节约型公共机构示范单位和1380家节水型单位。与2012年相比，中国公共机构的人均能耗、单位建筑面积能耗、人均水耗分别同比下降了12.85%、10.17%和12.62%。

国家机关事务管理局已经制定了《公共机构节约能源资源"十三五"规划》，为未来几年的公共机构绿色低碳发展绘出了"路线图"。到2020年，中国公共机构将在原有工作基础上，进一步完善公共机构节约能源资源的法律法规和制度标准，推进依法管理和标准化管理。

——摘自中新网《波恩气候大会"中国角"启用向世界讲述气候治理"中国故事"》（记者 彭大伟）

众所周知，政府机关是重点能耗领域之一。有关资料显示，我国政府机关年电力消耗总量占全国总消耗量的5%，能源费用超过800亿元，单位面积的电耗是普通居民家庭单位面积电耗的4倍以上，单位建筑面积能耗超过世界头号耗能大国——美国政府机关平均水平的33%。有关专家指出，政府机关的节能潜力在15%~20%之间，政府机关在节能减排中大有可为。

在我国，党政机关、事业单位等公共机构的特殊地位，对于建设资源节约型、环境友好型社会至关重要。政府既是人民群众的"代言人"，也是社会公平正义的"守护神"，其一言一行、一举一动都攸关人民群众的切身利益和重大关切。政府机关只有以身作则，严于律己，合理控制行政成本，有效节约财政资金，大力推进节约型机关建设，将更多的钱财用于保障和改善民生，将更多的精力用于发展社会事业和维护群众权益，才能取信于民，造福于民，增强政府的公信力和执行力。政府节能不仅可以减少碳排放，降低公共财政支出，更在于一种社会导向作用。政府部门率先垂范，能够带动全社会广泛开展节约能源资源活动。2008年4月1日实施的《中华人民共和国节约能源法》将公共机构节能和工业节能、建筑节能、交通运输节能以单节列出，国家以法律的形式对公共机构节能进行了专门的规范，明确由各级机关事务管理部门来对本级公共机构节能工作进行管理。

推进绿色机关创建，既是加强政府自身建设的重要内容，也是推进政府管理创新的重要途径。我国经济已由高速增长阶段转向高质量发展阶段，正处在转变发展方式、优化经济结构、转换增长动力的攻关期。政府机关作为这个历史阶段的参与者和引导者，必须率先垂范，从转变自身建设的发展方式做起，切实抓好绿色机关建设，统筹兼顾经济发展、政府运行和机关建设之间的关系，推动政府运行保障模式由粗放型向集约型转变、由封闭型向开放型转变、由规模型向效益型转变，统筹资源配置，合理调剂资产，努力降低机关运行成本，提高机关运行效率和服务质量，为实现经济社会高质量发展提供有力保障，以此调动全社会参与节能减排的积极性，使节能减排成为每个企业、每个单位、每个社区、每个家庭、每个社会成员的自觉行动。

本章将带领读者深入了解绿色机关的概念、发展历程、取得成效以及存在的问题。同时，系统全面介绍绿色机关的十大主要构成方面以及具体实践措施。

第一节　深入了解绿色机关

一、什么是绿色机关

党的十九大报告中提倡开展"创建节约型机关"等行动,节约型机关就是我们最早接触到的理念。节约型机关评价导则(GB/T 29118-2012)中对"节约型机关"的定义是指:"在建设和运行过程中,严格遵守相关法律、法规、政策和标准要求,努力践行节约理念,通过建立和实施资源节约管理制度、有效采用管理手段和技术措施,不断提高资源的利用水平,达到评价要求的国家机关。"从其定义中可以很清晰地看出,该定义对于节约型机关的定位在于全员、全方位、全过程的实现节约目标。

随着绿色发展理念的提出,我们将这一理念引入节约型机关的创建中,升级为"绿色机关",并将其定义为:采用绿色发展理念指导机关的建设、运行和发展,在机关的人力、物力、财力等各个方面,在节约资源、减少碳排放的基础上,对各种资源进行优化配置和充分利用,提高资源利用效率和可持续发展潜力,采取先进经济的节能技术和行之有效的制度措施,最大限度降低资源消耗,以获得最大的公共管理和服务保障效益,成为绿色发展理念的引领和表率。其最终目标是带动全社会践行绿色低碳循环发展模式,实现绿色发展目标。

二、绿色机关创建的发展历程

1."绿色照明工程"初步试水

2006年6月,国务院机关事务管理局启动了"中央国家机关办公区绿色照明工作",此举有力推动了政府机构节能和建设节约型政府机关的进程。针对中央国家机关办公楼照明光源和器具使用情况的节能潜力较大的现状,2007年2月,国务院机关事务管理局印发了《关于加强中央国家机关办公区照明系统节能工作的通知》(以下简称《通知》),明确了中央国家机关办公区绿色照明工作的方法及步骤。

一要对既有建筑照明系统进行节能改造。结合本单位照明现状制定照明系统节能改造计划;及时更换非节能灯具;安装使用相应的智能控制设施以及节电设备,进行分项计量改造。二要加强新建建筑照明系统节能设计。所有新建建筑照明系统设计应体现节能要求,严格按照《公共建筑节能设计标准》(GB50189-2005)和《建筑照明设计标准》(GB50034-2004)的要求进行设计。三要加强中央国家机关的日常节能管理。要尽快建立节能规章制度,进一步加大节能工作力度。对照明系统分片、分区,明确具体部门和专门人员负责日常管理,建立和完善节能管理考核考评制度。

同时,《通知》对改造时采购的照明产品做出规定,要符合《节能产品政府采购清单》和国务院机关事务管理局推荐的照明节能技术与产品。改造还进行照明领域的合同能源管理方式的试点,并鼓励各单位采用市场新机制进行绿色照明改造。

随着国家机关"绿色照明工程"改造的推进,"呼唤绿色"在政府机构中形成一呼百应的合力。通过对高效节能产品、技术的推广和尝试，国家机关直接节省了单位的用能量以及单位用电费用；间接降低了维修成本和增加灯具所需的费用；减少了二氧化碳、二氧化硫等有害气体的排放量，实现了"绿色照明"节能减排的目标；大幅改善了办公区的照明条件，创造了和谐舒适的环境，进一步增强了广大干部职工的节能意识和社会责任感。

2. 正式从《公共机构节能条例》开始

《公共机构节能条例》（以下简称《条例》）是在全党、全国各族人民深入学习贯彻科学发展观，努力探索建设资源节约型、环境友好型社会中诞生的。2008年10月1日，《条例》正式施行，这是新中国成立以来第一次通过法律手段推动公共机构节能，提高公共机构能源利用效率的重大举措，为公共机构节能工作健康发展提供了制度保证。《条例》的公布，就是向全社会做出庄严承诺：做好公共机构节能，建设节约型机关，政府机关要先行。

国务院机关事务管理局作为肩负推进、指导、协调、监督全国公共机构节能工作重任的工作机构，认真贯彻《条例》，切实加强领导，从组织机构、人员经费等方面给节能工作以强有力地保障。在建设"两型"社会，推进公共机构节能，建设节约型机关的进程中，始终走在前列，为全社会做出表率。

国务院机关事务管理局以贯彻《条例》为主线，狠抓《条例》规定的各项措施、任务的落实。一是抓宣传培训，通过培训班、座谈会、宣传周、节能体验日、媒体等多种形式，广泛宣传《条例》，强化节能意识。二是抓管理体系建设，确保全国公共机构节能工作一盘棋。三是抓建章立制，完善确保《条例》能得到切实落实的制度体系。四是抓能耗统计和考核评价体系的建立。五是抓督促检查，通过深入各部门、各地方检查了解情况，督促节能工作深入开展。六是抓节能改造，在对中央国家机关各部门的照明系统全部改用节能灯具之后，对能耗较大的动力及燃气设施、设备的节能改造工作稳步推进。节油、节电、节水、节气工作力度加大，效果明显。

3. 国家机关事务管理局公共机构节能管理司的成立

2010年，根据中央编办批复，国家机关事务管理局增设公共机构节能管理司，承担全国公共机构节能推进、指导、协调、监督的具体工作；监督管理中央本级公共机构节能工作，承办指导教育、科技、文化、卫生等主管部门开展本级系统内公共机构节能的有关工作；会同有关方面开展公共机构节能宣传、教育和培训等工作。2012年6月，《机关事务管理条例》公布，明确了国家机关事务管理局负责拟定有关机关事务管理的规章制度，指导下级政府公务用车、公务接待、公共机构节约能源资源等工作，主管中央国家机关的机关事务工作。

国家机关事务管理局公共机构节能管理司的主要职责包括：承担全国公共机构节能推进、指导、协调、监督的具体工作，落实国务院和国务院节能减排主管部门确定的公共机构节能目标和任务；负责拟订公共机构节能规划、年度计划和制度办法并组织实施；负责拟订公共机构能源消耗定额，组织能源资源消耗统计、分析与报告工作；负责指导监督公共机构实施合同能源管理；负责组织公共机构节能考核评价、监督检查和能源审计工作；负责组织开展公共机构资源节约和综合利用工作，示范推广新能源、新技术和新产品；负责监督管理中央本级公共机构节能工作,制订中央本级公共机构节能项目和既有建筑节能改造计划并组织实施;负责公共机构节能专项经费的管理;承担中央国家机关建设项目节能审查监督工作;承办指导教育、科技、文化、卫生等主管部门开展本级系统内公共机构节能的有关工作;负责组织开展公共机构节能宣传、教育和培训工作,普及节能科学知识等内容。

根据上述职责,公共机构节能管理司设4个职能处,综合业务处、推广指导处、监督考核处和中央国家机关节能管理处,分别承担具体的指导工作。

(1)综合业务处:负责拟订公共机构节能管理规章制度及配套办法;负责组织开展公共机构节能宣传、教育和培训工作,普及节能科学知识;负责对外联络、协调工作;负责司内行政事务。

(2)推广指导处:负责拟订公共机构节能中长期规划;负责指导监督公共机构实施合同能源管理;负责组织开展公共机构资源节约和综合利用工作,示范推广新能源、新技术和新产品。

(3)监督考核处:负责拟订公共机构节能年度计划并分解落实;负责拟订公共机构能源消耗定额,承担公共机构能源资源消耗统计、分析和报告工作;负责组织公共机构节能目标考核评价与监督检查工作;承担公共机构能源审计和节约型公共机构考核与评定工作。

(4)中央国家机关节能管理处:负责监督管理中央本级公共机构节能工作,承担指导教育、科技、文化、卫生等主管部门开展本级系统内公共机构节能的有关工作;承担中央本级公共机构节能项目、既有建筑节能和供热计量改造计划编制并组织实施;负责公共机构节能专项经费的管理;承担中央国家机关建设项目节能审查监督工作,承担局属单位节能管理工作。

三、绿色机关创建的成效

2011年国管局印发了《公共机构节能"十二五"规划》,提出到2015年公共机构人均能耗下降15%、单位建筑面积能耗下降12%的量化目标,建立起比较完善的组织管理、政策法规、计量监测考核、技术支撑、宣传培训和市场化服务体系的管理目标。"十二五"期间,国管局会同发展改革委、财政部等部门印发了《关于推进公共机构节约能源资源促进生态文明建设的实施意见》《公共机构能源审计管理暂行办法》。

全国公共机构约175万家,与工业、交通、建筑等并列为全社会节能减排的重点领域。为贯彻落实国务院《节能减排"十二五"规划》要求,2012年7月,国家机关事务管理局会同国家发展和改革委员会、财政部在全国启动了节约型公共机构示范单位创建工作。2014年3月,完成第一批879家示范单位创建。2015年12月完成第二批1171家示范单位创建。两批共创建了2050家节约型公共机构示范单位。

"十二五"期间,各地区、各部门认真贯彻落实党中央、国务院的决策部署,坚持以推进生态文明建设为统领,以绿色机关建设为主线,以降低能源资源消耗、提高能源资源利用效率为目标,扎实推进政府机关节约集约利用能源资源工作,超额高质量地完成了"十二五"的目标和任务。

自从推进节约型公共机构示范单位创建工作以来,作为创建主体重点的各级党政机关高度重视,实现管理科学精细、资源利用高效、崇尚勤俭节约、践行绿色低碳四个目标,创建工作紧紧围绕节能、节水、资源综合利用、可再生能源应用和绿色消费五个方面开展。国家机关事务管理局还委托专业机构编制评价标准，加强对示范单位创建工作的指导和督促。经过多年努力，各级党政机关在创建绿色机关方面成效显著，在建设资源节约型、环境友好型社会中发挥表率示范作用。下面我们通过几组数字的对比加以证实：

能源资源消费总量增速放缓。2015年全国公共机构约175.52万家，能源消费总量1.83亿吨标准煤，约占全社会能源消费总量的4.26%，用水总量125.31亿立方米，约占全社会城镇用水总量的16%。"十二五"时期，能源消费总量、用水总量年均增速较"十一五"时期分别下降了1.43、1.58个百分点。

能源消费结构渐趋优化。2015年公共机构能源消费结构：电力占45.37%，原煤占30.86%，其他占23.77%。与2010年相比，电力比重上升了11.07个百分点，原煤下降了17.16个百分点。

能源资源利用效率不断提高。2015年，全国公共机构人均综合能耗370.73千克标准煤/人；单位建筑面积能耗20.55千克标准煤/平方米；人均用水量25.35立方米/人。与2010年相比，人均综合能耗下降了17.14%，单位建筑面积能耗下降了13.88%，人均水耗下降了17.84%，顺利完成了规划目标。

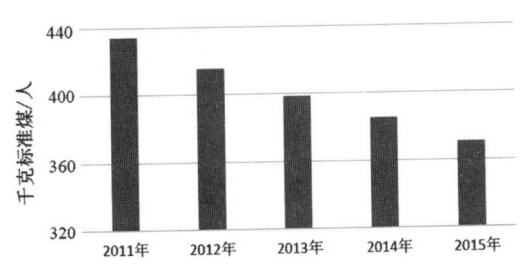

图2-1 2011—2015年全国公共机构人均综合能耗变化情况

绿色机关创建工作不断积极探索,开拓创新,取得显著成效。具体归纳为以下十个方面:

一是健全组织管理。省级公共机构节能管理部门的职能得到强化,大多数地(市)和部分县(区)成立了公共机构节能管理机构,公共机构节能管理部门与发展改革、财政、住房城乡建设、环境保护、水利等部门的沟通协调日趋顺畅,与教科文卫体等行业主管部门的协作配合更为密切,基本形成了纵向联动、横向协同的节能工作推进机制。各创建单位均明确了公共机构节能工作主管部门,设立了能源管理岗位,并制定了节电、节水、节气等一系列节能管理制度。

二是完善制度标准。国家层面制定修订了能源资源消费统计、能源审计、监督考核等制度和计量器具配备、办公用房节能改造、示范单位评价以及节约型机关等评价标准(详见公共机构节约能源资源网资料下载栏目)[①];各地结合实际制定了节能管理制度以及能耗定

---

① 详见公共机构节约能源资源网资料下载栏目http://ecpi.ggj.gov.cn/news-list?flag=home&type=25。

额、节水型单位建设等评价标准,提高了节能工作的法治化、规范化水平。

三是规范计量统计。各创建单位均安排专人负责能耗统计工作,建立能耗统计台账,定期对能耗状况进行分析和公示。持续推进能源资源消费统计工作,组织完成85万家公共机构名录库建设,参与能源资源消费统计的机构数量由2010年的48.6万家增加到2015年的近75万家。各地区积极推进统计工作信息化和能耗监测系统建设,统计数据质量逐年提高,统计分析水平不断提高,统计工作信息化取得新进展。

四是加强监督考核。各级人民政府将公共机构节能作为对下级节能目标责任评价考核的内容。各地区公共机构节能考核工作不断深入,节能执法、节能监察等监管手段得到加强,部分地区将公共机构节能纳入政府绩效考核体系,对工作突出的市县和单位进行了表彰和奖励。

五是实施重点工程。"十二五"期间,各地区以建筑及其用能系统、附属设施、新能源和可再生能源应用、节水和资源综合利用等为重点领域,累计投入财政资金超过80亿元,推广应用节能新技术新产品,实施了绿色照明、绿色数据中心、既有建筑供热计量和节能改造、零待机能耗计划、节能和新能源公务用车、燃气灶具改造等重点工程,为实现节能目标提供了有力支撑。

六是开展试点示范。完成2050家节约型公共机构示范单位创建,部分省(区、市)开展了省级、地市级节约型公共机构示范单位创建工作,较好地发挥了对各级各类公共机构的引领带动作用,对全社会节能减排做出了表率。积极推动节水型单位创建,30个省(区、市)出台了节水型单位建设标准,1380家省直公共机构建成节水型单位,中央国家机关本级全部建成节水型单位。在中央国家机关和8个省（区、市）积极推进废旧商品回收体系建设试点。

七是开展宣传培训。积极开展节能宣传周、全国低碳日、中国水周活动，充分利用电视、报刊、网络、微信等媒体，广泛开展节能法律法规和基本知识宣传教育，广大干部职工节能减排、生态环保意识逐步增强。各地区采用面授、远程教育等方式，培训节能管理人员190余万人次，节能管理能力得到增强。

八是日常管理扎实规范。各创建单位均按照要求配备了专业技术人员，设备设施运行维护管理到位；大多数单位均制定了绿色消费行为规范，出台了鼓励绿色出行、减少使用一次性用品的具体措施等；严格执行国家有关强制或优先采购节能产品的规定；实行了分户计量，部分单位对空调、动力、照明、数据中心等主要用电进行了分项计量。

九是节能技术产品、新能源和新机制应用广泛。高效照明产品全面普及，高效照明产品使用率达到100%；创建单位积极推广应用太阳能、地热能等可再生能源，243个单位使用了地源热泵，417个单位配置了节能或新能源汽车；768个单位采取合同能源管理机制实施节能改造。

十是节水措施成效明显。各创建单位均严格落实最严格的水资源管理制度，加强日常用水管理，积极推广节水型器具，841个单位开展了中水回收、雨水收集等非传统水源应用，645个单位创建成本地区的节水型单位。

四、绿色机关创建存在的问题

虽然绿色机关创建取得了显著成效,但是也存在很多问题。由于我国地域辽阔,各地区经济社会发展水平、气候环境条件差异较大,公共机构点多线长面广、基础条件各不相同,导致地区之间、各类公共机构之间节约能源资源工作发展不够平衡、不够协调,不同程度地存在与经济社会发展、环境资源要求不相适应,节能管理监督不到位,能源资源利用效率偏低等问题。

1. 体制机制问题

有的地区公共机构节能管理体系不够健全,相关职能部门之间的协调机制不够顺畅,市、县以下节能管理还比较薄弱。有的地区尚未形成财政支持保障机制。绿色机关创建是一项系统工程,涉及各级政府机关和同级机关的各部门、各单位,需要发展改革、人事编制、财政、机关事务管理等部门的综合协调和各机关的共同努力。因此,要结合我国行政管理体制现状,按照精简、统一、效能的原则,综合研究管理主体、责任单位、工作内容、主要原则、职责分工、权责关系等问题,逐步建立起权责明确、运转协调的管理体制。①

2. 市场机制利用问题

市场机制利用不充分,合同能源管理、政府与社会资本合作等市

---

① 参见《公共机构节约能源资源"十三五"规划》。

场化机制在公共机构节能领域的应用不够广泛。[①]

3. 评价标准问题

绿色机关创建的核心要素是成本效益管理,重要途径是投入产出分析。为此,要准确把握绿色机关创建的发展趋势和内在规律,客观分析绿色机关的内涵外延、功能定位、特征趋向和测度指标,特别要用全生命周期的观点解决评价标准和评价体系建设问题,努力实现用尽可能少的运行成本投入,获得最大的社会管理和公共服务效益。

4. 政策制度问题

近年来,中央和地方相继出台了一系列法律法规和政策文件,为推进绿色机关创建夯实了制度基础。但总体来说还不够完善,特别是有些规定还比较原则。为此,要进一步完善政策法规制度,特别要深入研究进一步完善机构编制、投资预算、实物定额、机关资产以及公务用车、公务接待、会议制度、公共机构节能等领域的公共政策和法规制度,切实杜绝浪费现象,有效解决成本偏高等问题。

5. 方式方法问题

运行机制是否合理,方式方法是否得当,很大程度上决定着绿色机关创建的成效。推进绿色机关创建,要努力构建以理顺权责关系为前提,以优化服务保障资源配置为基础,以降低机关运行成本为重点,有助于实现人尽其责、物尽其用、财尽其力的运行机制。具体而

---

① 参见《公共机构节约能源资源"十三五"规划》。

言，就是要充分利用现代管理工具，努力探索法制化管理、量化管理、信息化管理和绩效管理等方式，统一服务保障标准，注重投入产出效益分析，合理控制各项费用支出。

6. 激励约束机制问题

公共机构开展节能工作的内生动力不足，节能管理能力有待进一步提升，干部职工参与节能工作的主动性、积极性需要提高。

7. 监督落实问题

绿色机关创建需要政府主导、法律强制和全社会共同参与，关键在于监督落实。为此，要深入研究监督制约模式、行政法律责任、绩效评估方法以及激励约束机制等配套措施问题，建立和推行行政问责制，努力构建多层次、多角度的监督制约体系，引导国家公务人员转变思想观念，改进工作作风，更加注重绿色机关创建，推动政府机关为全社会作表率，中央和国家机关为地方政府作表率。

绿色机关创建是发展模式和发展道路的变革，也是执政思想的变革，涉及行政理念、行政文化、组织结构、治理方式、服务保障模式、生产和消费形式等多个方面，是一项长期艰巨的任务。随着服务型政府建设的不断推进，绿色机关创建面临着许多新情况、新问题，亟须深入研究探讨，认真加以解决。

第二节 绿色机关面面观

深入了解绿色机关的概念、发展历程、取得成效以及存在问题后,接下来我们了解一下绿色机关的主要构成部分。本节主要列举与绿色机关相关的十项内容,包括绿色办公、绿色采购、绿色消费、绿色建筑、绿色服务、绿色出行、绿色食堂、绿色信息、绿色文化和合同能源管理,介绍这十项内容的基本概念和主要做法,使读者更好地理解绿色机关创建工作,并以此作为实践指导。

一、绿色办公

1. 什么是绿色办公

"绿色办公"是指工作环境有益于环保、健康,同时在办公活动中尽量减少资源和能源的消耗,减少不利于环境的因素。首先,办公室是作为除家以外,人们待得最久的一个空间,如果使用环保的办公家具建材,环保科学使用办公器材,将大大改善办公室的微环境,既维护健康又改善心情,大大提高办公效率;其次办公室耗能也成为我国节能降耗的重点领域,以政府机构为例,我国政府包括国防及教育等公共机构的能源消费约占全国能源消费总量的5%,经有关部门测算,我国政府机构节能潜力为15%~20%,如果政府部门能够实行绿色办公,将大大减少办公室的能源消耗。

"绿色办公"主要包括两方面内容:一是指办公人员日常办公方式的"绿色化",即自觉节水、节电等节约行为,减少能源资源消耗和排污;二是构建绿色办公环境,从建筑材料、办公室的设计、办公采购来实现建筑节能和生态环保。此处主要介绍第一方面的内容,绿色建筑、绿色采购将在下文中详细介绍。

2. 绿色办公怎么做

绿色办公涵盖了政府机关工作运行期间的各个方面,既需要统筹安排家具设备产品等的优化配置,又需要配备办公用品采购回收循环使用的条件与模式,更需要全体干部职工提高节能环保意识,从日常办公的每件小事做起,节约点滴资源。具体做法归纳为以下几项,但不仅仅限于此。

(1)设备及选购:严格执行节能环保产品强制采购制度,在考虑价格因素的同时,优先采购节能、节水、节材产品。优化办公家具、设备等配置,盘活存量资产,减少资产的闲置浪费。限时淘汰现有落后产品设备,对新增设施设备实行"高门槛"准入制度。如购置绿色环保家具,多人共用打印机、复印机和传真机等,做到量入为出,物尽其用,充分发挥资产在有效期内的功用和能效。

(2)推广办公电子化、无纸化:充分利用办公自动化设备的网络联通功能,倡导采用电视、电话的会议方式,减少交通和场地费用。推行电子化、无纸化办公,减少纸质文件、资料印发数量。如利用电子邮件取代打印和影印,将会议日程提前用邮件给与会者;缩小字号、减小页边距,使文本的格式更加契合纸张,增加每页纸的文本信息容量,减少纸张的使用。

(3)办公用品回收再利用:随着打印机、复印机和传真机的普及,政府机关办公用纸存在惊人的浪费。我们提倡双面用纸,严格控制文件印刷数量,重视信封、复印纸再利用以及废纸回收利用工作。建议在合理范围的办公区域内设立"办公用纸分类回收箱",可以分为办公用纸、报刊报纸及包装用纸回收箱三类,分别收集双面用过的复印纸、旧信封、信纸;报纸;复印纸包装纸、包装箱。提倡使用再生纸、可替换内芯的笔、碳粉盒和充电电池及其他可循环使用的物品。尽量重复使用包装箱。将报纸撕碎用做包装箱内的填充物。设立简单的回收玻璃瓶、铝罐、废旧电池等回收系统。减少使用签字笔、纸杯、餐具、塑料袋等一次性办公用品。

(4)节约能源:政府机关应节约用电,关闭一切不必要的照明灯、装饰灯。机关办公场所三层楼以下可以停开电梯,非高峰时段减少运转台数,多部电梯的单位在节假日只保留必要数量运转。提倡高层建筑电梯分段运行或隔层停开,鼓励短距离上下楼层不乘电梯。合理设置办公室空调温度,严格执行空调设定温度的规定。夏季室内空调温度设定在26℃以上,冬季室内空调温度设置不得高于20℃。天气晴朗的时候,使用自然采光。在午休、加班时,关闭部分电灯;下班后,关闭办公室内所有的灯、电脑、饮水机等电器,液晶显示器避免使用屏幕保护功能,最好将屏幕保护功能项设置成"否"或者是"黑屏"。较长时间不用最好关掉显示器电源。建设绿色环保盥洗室。在盥洗室采用节水水龙头或者节能干手机来节约纸张,冲厕用水可使用经过初步净化处理后的中水。

(5)其他:推进节能信息公开,发挥节能信息对绿色办公的促进作用。在办公室内可以种植适宜的植物和盆栽,既能够给办公室带来生机,美化环境,还可以吸收室内的有害气体。

二、绿色采购

1. 什么是绿色采购

"绿色采购"就是在政府机关采购中着意选择那些符合国家绿色标准的产品和服务。绿色采购蓬勃发展始于20世纪90年代,世界各国尤其是发达国家,如英国、美国、加拿大、日本、丹麦、荷兰、德国、韩国等,纷纷通过专门立法或颁布政府令的形式强制推行或鼓励绿色政府采购。

绿色采购在节约资源、保护区域、国家乃至全球生态环境方面发挥了不可替代的作用,特别是由政府推动的、国家层面的政府绿色采购政策的实施效果备受瞩目。因为政府机关不仅具有庞大的采购力量,而且其自身行为对公众具有很强的示范和引导作用,所以政府机关的采购官员如果利用他们的采购权力,设法降低购买中的各个环节对环境和人体健康的影响,采购那些环境友好的产品,必将掀起轰轰烈烈的绿色采购运动,并会吸引越来越多的组织和个人加入到该运动中来。

2. 绿色采购怎么做

如何判定所购买的产品是不是环境友好产品呢?即如何判定绿色产品的依据标准呢?这也是实施政府绿色采购中遇到的一个主要障碍。采购人员不一定是环保专家,因此实际采购中,采购人员往往需要借助一些工具来解决这个问题，找到相关的绿色产品信息。为此，生态标志和其他产品标志等涉及对产品环境行为的自愿认证体系，特别是I型环境标志就被作为一个有效辅助工具受到重视，加以应用。全球环境标志网络（GEN）对8个欧盟国家和亚洲国家的案例调研结果表明：I型环境标志由于其认可度和可信度高、利益相关方的冲突小、整个认证过程公正性好、产品检测指标易量化等特点，对绿色采购具有很强的示范和配合作用。

我国在1993年就建立了自己的环境标志体系，中国环境标志认证是以当时的国家环境保护总局颁布的行业标准为认证依据。中国环境标志标准要求产品生产过程的环境行为要达到国家相关标准，在保证产品质量、安全、健康合格的前提下，具备更优的环境属性。它作为官方标志表明获准使用该标志的产品不仅质量合格，而且在生产、使用和处理处置过程中符合环境保护要求，与同类产品相比，具有低毒少害、节约资源等优势。这种证明性标志使得消费者易于了解哪些产品有益于环境，并对自身健康无害，便于消费者进行绿色选购。而消费者的选择和市场竞争，可以引导企业自觉调整产业结构，采用清洁生产工艺，生产对环境有益的产品，最终达到环境保护与经济协调发展的目的。

中国环境标志在认证方式、程序等均按ISO14020系列标准及ISO14024《环境管理环境标志与声明I型环境标志原则和程序》标准规定的原则和程序实施，与各国环境标志计划做法相一致，在与国际"生态标志"技术发展保持同步的同时，积极开展环境标志互认工作，目前已经与德国、韩国、日本以及澳大利亚签订了环境标志互认合作协议，已成为中国企业跨越绿色技术壁垒的有力武器。目前的认证制度是通过现场检查、权威机构检测结合文件审核来进行的，由生态环境部环境认证中心履行认证职能。中国环境标志的产品标准始终紧跟国际同类标准，其中多数标准均与国际接轨，环境指标具有先进性、科学性和可操作性。各国政府绿色采购主要关注原材料和能源消耗、产品中的化学物、有毒物、污染物释放、废物利用和危险废物处理等方面的要求和具体指标。而环境标志标准恰恰是从产品的设计、生产、包装、运输、使用、废物处理和回收利用的整个生命周期过程对其环境影响进行分析，设定具体的标准项目及限值，因此可以作为我国政府绿色采购的技术依据。

2006年10月24日，财政部和原国家环保总局（2018年3月更名为生态环境部）联合颁布了《关于环境标志产品政府采购实施的意见》（财库〔2006〕90号），该意见中规定各级国家机关、事业单位和团体组织用财政性资金进行采购的，应当优先采购环境标志产品，不得采购危害环境及人体健康的产品。该意见已于2007年1月1日起在中央和省级（含计划单列市）预算单位实行，2008年1月1日起全面实行。这充分表明了我国政府推动绿色采购的力度和决心，同时也明确了环境标志是绿色采购的实施依据。2007年6月3日，针对国家节能减排工作的严峻形势，国务院又下发了《节能减排综合性工作方案的通知》，其中第四十五条明确规定要加强政府机构节能和绿色采购，认真落实《关于环境标志产品政府采购实施的意见》，进一步完善政府采购环境标志产品清单制度，不断扩大环境标志产品政府采购范围。综合考虑政府采购改革进展和环境标志产品技术及市场成熟等情况，从国家认可的环境标志产品认证机构认证的环境标志产品中，由财政部和生态环境部统一对外发布了涉及轻型汽车、电脑、传真机、复印机、打印机等节能环保办公用品以及水性涂料、人造木质板材、木地板、家具、建筑陶瓷等环保建筑装修材料共十四大类产品的《环境标志产品政府采购清单》（以下简称清单）。该清单详细列出了环境标志产品的企业名称、注册商标、产品名称和规格型号等信息，为采购官员获得绿色采购的产品信息提供了更为简便直观的途径，很大程度上减少了政府绿色采购工作的烦琐程度。环保清单所列产品为政府优先采购产品。对于同时列入环保清单和节能产品政府采购清单的产品，应当优先于只列入其中一个清单的产品。环保清单会根据技术更新和生产标准改进及时对环保清单产品名录进行调整，并在生态环境部官方网站上公示。截至目前，已发布22期清单。

严格执行政府对节能环保产品的优先采购和强制采购制度，扩大政府绿色采购范围，健全标准体系和执行机制，提高政府绿色采购规模。通过政府庞大的采购力量，鼓励企业生产可回收、低污染、省资源的产品，推动企业技术进步，促进资源循环利用，减少污染，保护环境；同时，引导消费者去选择绿色产品，通过政府的率先垂范，更好地引导消费者的绿色消费意愿。各单位采购当事人可到中华人民共和国财政部网站、中国政府采购网、中华人民共和国生态环境部网站、中国绿色采购网等网站查阅、下载，参照最新一期的清单进行采购。

三、绿色消费

1. 什么是绿色消费

绿色消费，也称可持续消费，是指一种以适度节制消费，避免或减少对环境的破坏，崇尚自然和保护生态等为特征的新型消费行为和过程。绿色消费包括的内容非常宽泛，不仅包括"绿色产品"的消费，还包括资源的回收利用、能源的有效使用、对生存环境和物种的保护等，可以说涵盖生产行为、消费行为的方方面面。

自工业革命以来，物质生产的飞速发展导致出现"高消耗、高污染、高消费"的不可持续发展模式，造成生存环境危机。伴随着公众环保和健康意识不断增强，"低消耗、低污染、适度消费"已成为一种被越来越多的人认同的新消费理念和可持续发展模式。绿色消费的重点是"绿色生活，环保选购"。这种模式要求人们在购买物品和消费时，既有益于人类社会的健康发展，又有益于自然生态保护，是把建设资源节约型、环境友好型社会落到实处的具体实践。

绿色消费是一种权益，它保证后代人的生存与当代人的安全与健康；绿色消费是一种义务，它提醒我们环保是每个消费者的责任；绿色消费是一种良知，它表达了我们对地球母亲的孝爱之心。

2. 绿色消费怎么做

"绿色消费"要求经营者向消费者提供的商品或服务要符合保障消费者人身健康的要求。消费者通过选购无污染、低耗能、低资源消耗的绿色产品，其消费行为本身就体现了对"绿色产品"生产者——"绿色企业"的支持，促进了更多绿色产品的生产，对环保的作用十分明显。具体来说，绿色消费的效果主要体现在以下三个方面：

（1）可再生及回收利用。我国每年产生的垃圾中近70%存在着可利用价值，将这部分垃圾作为原料进行再生产，不仅可以节约资源，减少垃圾污染，而且能大大降低生产成本，更有助于产品的市场竞争，如利用废纸、废塑料生产再生纸、再生塑料。

（2）改善区域环境。有些产品，如一次性制品、电池、洗衣粉等在生产过程中就对环境造成一定污染，在使用中和废弃后又对环境造成二次污染，难以降解，是造成水质恶化、土壤硬化的主要原因，而重复使用电池、无磷洗衣粉的出现，将逐步减缓环境恶化程度并改善环境质量。

（3）保护人体健康。环境的污染必然造成食品的污染，从而危害人体的健康，导致一系列的"中毒事件""二噁英污染事件"频频发生。"绿色食品""有机食品"是在蔬菜生长中不施用或少施用化肥和农药，并实行一套严格的食品安全标准，由此减少对土地及食品的污染，保护了环境和人体健康。

2016年国家发展改革委、中央宣传部、科技部等十部门出台的《关于促进绿色消费的指导意见》，明确了促进绿色消费的总体要求、主要任务和政策措施。总结起来，可以归纳为：树立一大理念、培育三大主体、开展"三项"行动、落实五项措施。

树立一大理念，是指大力倡导勤俭节约、绿色低碳的理念，深入开展全民教育，广泛推进各类主题宣传，使绿色消费理念深入人心。

培育三大主体，是指培育居民、公共机构、企业等三大绿色消费主体。一是引导居民践行绿色生活方式和消费模式、支持发展共享经济、大力推广绿色产品，到2020年，能效标识2级以上的节能家电市场占有率达到50%以上。加快推广新能源汽车及再制造产品，实施绿色建材生产和应用行动计划，推广使用节能门窗、建筑垃圾再生产品等绿色建材和环保装修材料。二是全面推进公共机构带头绿色消费，使用政府资金建设的公共建筑全面执行绿色建筑标准，凡具备条件的办公区要安装雨水回收系统和中水利用设施。"十三五"期间新增创建3000家节约型公共机构示范单位，全部省级机关和50%以上的省级事业单位建成节水型单位。三是大力推动企业增加绿色产品和服务供给，将绿色消费融入"双创"活动，大力推广"互联网+绿色消费"，实施生产者责任延伸制度。

开展"三项"行动，一是反过度包装行动，着力整治以奢华包装为代表的奢靡之风；二是反食品浪费行动，全面推行科学文明的餐饮消费模式；三是反过度消费行动，严格执行党政机关厉行节约反对浪费条例，禁止各种形式的浪费行为。

落实五项措施，是指从健全法律法规、完善标准体系、健全标识认证体系、完善经济政策、加强金融扶持等5个方面提出了建立健全促进绿色消费长效机制的政策措施。对符合条件的节能、节水、环保、资源综合利用项目或产品，可以按规定享受相关税收优惠。高耗能、高污染产品及部分高档消费品纳入消费税征收范围。

四、绿色建筑

1. 什么是绿色建筑

绿色办公建筑就是在建筑生命周期各阶段以最节约能源，最高效利用资源与最少废弃物产生的方式来营造安全、健康、舒适、高效、环保及低环境负荷的办公环境，其特性包括：安全、健康、舒适、高效及环保性，智能型设备与人性化，可再生能源及自然能源的利用，资源有效利用及减少废弃物排放量，交通运输的耗能及便利性。

为什么要选择绿色建筑作为办公建筑呢？建筑能耗一般指建筑在正常使用条件下的能耗情况，主要包括建筑采暖、空调、热水、照明、电梯、电器、通风和建筑有关设备等方面能耗。我国建筑能耗已占能源总消费量的27.4%，不包括生产和经营性的能量消耗。其中，采暖和空调占建筑总能耗的50%~70%。我国建筑物使用能耗是相同气候条件下发达国家的2~3倍，主要表现在建筑物保温与供热系统状况差，如我国供热系统的综合效率仅为35%~55%，远低于先进国家80%左右的水平，单位面积耗能与国际先进水平相比高出50%以上。相当于现有普通建筑而言，绿色建筑科技含量更高，更好地利用了自然可再生能源，更能起到保温隔热的作用，从而降低资源、能源的消耗。

2. 绿色建筑怎么做

建筑节能和绿色建筑是推进新型城镇化、建设生态文明新型城镇化、建设生态文明全面建成小康社会的重要举措。《国家新型城镇化规划（2014—2020）》提出了到2020年，城镇绿色建筑占新的比重要超过50%的目标。《关于加快推进生态文明建设的意见》要求，要大力发展绿色建筑，实施重点产业能效提升计划等措施，为推动城乡建设工作提出了新的任务和要求。为了建立符合中国国情的超低能耗建筑技术及标准体系，并与我国绿色建筑发展战略相结合，更好地指导我国超低能耗建筑和绿色建筑的推广，住房和城乡建设部委托中国被动式超低能耗建筑联盟组织中国建筑科学研究院等单位编制了《被动式超低能耗绿色建筑技术导则》。导则借鉴了国外被动房和近零能耗建筑的经验，结合我国已有工程实践，明确了我国被动式超低能耗绿色建筑的定义、不同气候区技术指标及设计、施工设计、施工运行和评价技术要点，为全国被动式超低能耗绿色建筑的设计提供指导。

由于我国政府机关成立时间早,建筑和设施均按照之前标准设计施工,达不到目前的绿色建筑要求。因此,针对既有办公建筑实施绿色化改造势在必行,应以围护结构保温节能改造为重点,实施节能、环境整治、抗震等综合改造,推广采用安全高效保温墙体材料和节能门窗等绿色建材。推进供暖、空调、配电、照明、电梯等重点用能设备节能改造,实施北方采暖地区公共机构供热系统计量节能改造,实施空调通风系统节能改造。组织实施既有办公建筑绿色化改造示范项目,在"十三五"期间,中央国家机关本级进行大中修的办公建筑均要达到绿色建筑标准。

严格新建建筑节能评估审查,提高新建建筑能效水平。加强施工建设过程的节能监管,推动政府机关办公和业务用房等建筑新建项目全面执行工程建设节能强制性标准和绿色建筑标准。2017年7月,为规范指导公共建筑节能改造节能量核定,促进公共建筑节能领域合同能源管理等市场机制健康发展,住房城乡建设部建筑节能与科技司组织住房城乡建设部科技与产业化发展中心、中国建筑科学研究院等11家单位编制了《公共建筑节能改造节能量核定导则》,明确了节能量核定的项目边界和主要指标,阐明了以账单分析法为主、测量计算法为辅的节能量(率)核定方法,规定了改造前和改造后的检查要求,对科学评价公共建筑节能改造实施效果有良好的指导作用。

五、绿色服务

1. **什么是绿色服务**

绿色服务是指有利于保护生态环境,节约资源和能源,无污、无害、无毒的、有益于人类健康的服务总称。它强调采用绿色技术和绿色管理手段，在服务全过程中严格遵循"节约资源、降低消耗、防污治污"原则，尽可能地减少服务过程对生态环境以及人体健康的负面影响，最大限度地保护了生态环境，又能够降低服务成本和提高经济效益，同时，也能够满足客户的实际需求。企业从市场绿色需求出发，及时广泛地收集相关绿色需求信息，并对所收集信息的真实性和可行性进行深入剖析和研究，服务企业以此为基础并结合自身能力，准确选择绿色资源，合理开发和生产绿色服务产品，科学应用绿色渠道，促使绿色产品生产和消费过程中，比类似产品具有更好的环保特性，从而支撑绿色服务持续健康向前发展。机关工作人员应在工作中优先选择绿色服务，对引导企业向提供绿色服务转型，为全社会践行绿色生活做出表率。

2. 绿色服务怎么做

绿色服务不仅涉及服务业，还延伸到农业、制造业等领域，内容丰富。政府机关因工作需要举办的各级各类会议多，出差频繁，参会人员来自全国各地，涉及面广，人数众多，如果会务工作将可持续列为核心问题和选择会议场所和住宿宾馆的标准，那么可以通过市场作用，从消费需求引导宾馆业在生产经营过程中合理使用资源和保护生态环境，自觉加入节能减排行列，彰显政府部门选择绿色服务所带来的影响和社会效益。

宾馆业对环境既有直接影响，又有间接影响。直接影响是因为宾馆本身就是一个污染源，生活污水、固体废物、机组噪声、油烟废气都会影响周边环境质量；间接影响可以通过绿色采购、绿色消费、绿色服务影响环境质量的改善。绿色宾馆正是宾馆业针对日益严重的环境问题而推出的一种新型服务。绿色宾馆是采用环保、健康、安全的可持续发展理念,坚持清洁生产、倡导绿色消费,保护生态环境和合理使用资源的饭店。

为加强对宾馆、酒店的环境保护工作,原国家旅游局曾于2006年正式向全国饭店行业颁布了《绿色旅游饭店》行业标准(LB/T007-2006),将绿色旅游饭店划分为"金叶"级和"银叶"级两种,其中"金叶"级要求较高。金叶级绿色旅游饭店主要具备条件是,分区域、分部门安装水、电、气计量表,并有完备的统计台账;锅炉安装除尘处理设备;厨房安装油烟净化装置,并运行正常;污水处理设施完备或接入城市排污管网,不直接向河流等自然环境排放超标废水;室内空气质量符合GB/T 18883-2002《室内空气质量标准》的要求;不加工和出售以野生保护动物为原料的食品;一年内未出现重大环境污染事故,无环境方面的投诉等。

2012年,国际标准化组织发布了由ISO/PC 250活动可持续性管理项目委员会制定的新标准ISO20121:2012《大型活动可持续性管理体系——要求及使用指南》。标准旨在支持举办各种类型活动的组织机构进行可持续性管理,适用于对公共赛事(如奥运会)、各类展览、演出及庆典等大型活动的管理。我国等同采用该国际标准,并将其转化为国家标准GB/T 31598-2015《大型活动可持续性管理体系要求及使用指南》,该标准已于2015年6月2日正式发布,自2016年1月1日起正式实施。该体系为会议策划方和场地提供方设置了门槛,例如当会议策划方寻找场地时,需要寻找获得LEED(LEADERSHIP IN ENERGY AND ENVIRONMENTAL DESIGN,绿色能源与环境设计先锋奖）认证的绿色建筑；打印会议材料时，选择当地有绿色印刷认证的供应商等。

六、绿色出行

1. 什么是绿色出行

绿色出行就是采用对环境影响最小的出行方式，也就是既节约能源、提高能效、减少污染又益于健康、兼顾效率的出行方式。单位购车优先考虑新能源汽车。鼓励广大干部职工上下班多乘坐公共汽车、地铁等公共交通工具，合作乘车，环保驾车，或者步行、骑自行车等。

各种运输工具是交通能耗和污染的主体，与其他国家相比，我国运输行业的能源利用效率偏低。据国家发展改革委员会综合运输研究所统计，我国机动车百公里平均油耗比欧洲高25%，比日本高20%，比美国高10%。特别汽车是油耗大户，产生的尾气、颗粒物、噪声等严重污染环境，在城市中，汽车排放已经成为空气污染的主要原因。因此公务出差时，公务人员应视工作需要合理选择出行途径：市内出行可依据距离远近尽可能选择步行、自行车，以及对环境污染小的公共交通方式出行；乘车出行应选择低能耗、小排量的环保型汽车或新能源汽车，条件许可时合用车辆出行。

2. 绿色出行怎么做

2007年11月，国家机关事务管理局和中共中央直属机关事务管理局发出通知要求做好公务用车节能减排工作，通知要求各部门、各单位加强公务用车使用管理，严格公务用车使用批准和登记制度，尽量减少公务用车出驶台次，提高使用效率；前往京外执行公务应尽量使用公共交通工具，确需用车的，须报本部门主管领导批准；实行公务用车节假日和国家重大活动期间封存停驶制度。编制内的公务用车不得随意调换或改变用途，不准对外出租创收。严禁公车私用和利用工作或职务之便，借用、占用下属单位或其他单位车辆。不得接受企业捐赠车辆作为机关或个人交通工具。

2008年8月2日，《国务院办公厅关于深入开展全民节能行动的通知》发布，其中提到每周少开一天车。除特殊公务车外，各级行政机关、社会团体、事业单位和国有企业的公务车按牌号尾数每周少开一天。同时要加快推进公务车改革。倡导其他单位和个人参照上述原则每周少开一天车，更多选乘公共交通工具出行。

党的十八大以来，为有效节约党政机关公务经费，遏制"车轮上的腐败"，重树政府廉洁形象，解决中国公务用车领域存在的突出问题，习近平总书记、李克强总理作出重要指示，党中央、国务院专门作出部署，强调要全面推进公务用车制度改革。按照中央关于厉行节约反对浪费的要求，坚持社会化、市场化方向，合理有效配置公务用车资源，创新公务交通分类提供方式，保障公务出行，降低行政成本，推进廉洁型机关和节约型社会建设。

2012年2月7日，国家发展改革委员会联合17个部委共同制定了《"十二五"节能减排全民行动实施方案》，根据节能减排政府机构行动计划，倡导开展绿色出行活动。具体规定为：根据公务用车的配备标准和编制数量及时更新购车计划，严禁超标准、超编制采购公务用车。提高新增公务车中小排量和清洁能源汽车比例。全国政府机构公务用车按牌号尾数每周少开一天，开展公务自行车试点。鼓励机关工作人员每月少开一天车，倡导"135"出行方案，即1公里以内步行，3公里以内骑自行车，5公里乘坐公共交通工具。加快推进公务用车制度改革。

2014年7月16日，《关于全面推进公务用车制度改革的指导意见》和《中央和国家机关公务用车制度改革方案》正式下发。按照新方案，中国取消一般公务用车，普通公务出行社会化，适度发放公务交通补贴。

2017年12月11日，为了进一步规范党政机关公务用车管理，有效保障公务活动，促进党风廉政建设和节约型机关建设，根据《党政机关厉行节约反对浪费条例》《机关事务管理条例》等有关规定，中共中央办公厅、国务院办公厅印发了《党政机关公务用车管理办法》，对公务用车的保障用途、价格、排气量和车型限制都做了明确要求。其中，第三章第十三条明确要求，党政机关应当配备使用国产汽车，带头使用新能源汽车，按照规定逐步扩大新能源汽车配备比例。政府机关应引领新能源汽车的消费和应用，新建和既有停车场要规划建设配备充电设施或预留充电设施安装条件，比例不低于10%，中央国家机关及所属在京公共机构比例不低于30%。在大中城市鼓励采用自助分时租赁等商业模式，引进社会资本参与充电桩建设、提供新能源汽车应用服务。据统计，2016年，公共机构配备更新公务用车总量中新能源汽车的比例达30%以上。这一比例在"十三五"时期还要逐步提高。第四章第二十条要求党政机关应当建立健全公务用车使用管理制度，严格执行，加强监督，降低运行成本。严格公务用车使用时间、事由、地点、里程、油耗、费用等信息登记和公示制度。严格执行回单位或者其他指定地点停放制度，节假日期间除工作需要外应当封存停驶。实行公务用车保险、维修、加油政府集中采购和定点保险、定点维修、定点加油制度,健全公务用车油耗、运行费用单车核算和年度绩效评价制度。第二十一条要求党政机关应当减少公务用车长途行驶,工作人员到外地办理公务,除特殊情况外,应当乘用公共交通工具。外事接待、会议和集体活动用车主要通过社会租赁方式解决。

以上这些内容都是对政府机关公务用车的制度约束,对公务人员绿色出行的行动指南。全面推进公务用车制度改革,是加强党风廉政建设、厉行节约反对浪费的重要举措,是转变中国政府职能、推进后勤服务社会化改革的重要内容,是顺应民意、维护中国共产党和中国政府形象的迫切要求。政府机关、领导干部率先垂范,做到绿色出行,能为缓解城市交通压力带来好处,也为减少汽车尾气排放造成的空气污染,更为全社会绿色出行做出表率。

七、绿色食堂

1. 什么是绿色食堂

"绿色食堂"是指运用安全、健康、环保理念,保证政府机关食堂在食品生产与服务过程中的绿色化,以及广大干部职工在消费环节做到例行节约、减少浪费。开展建设绿色食堂的意义,一是警醒人们增强环境保护意识,控制、减少各种方式造成的污染和对环境的破坏,共同净化我们赖以生存的生活空间;二是提示人们注意节约日益稀少的各种资源,让有限的资源为人类创造尽可能多的产品和财富,发挥更大、更加久远的作用;三是告诫人们要用科学合理、经济简洁的加工生产方法,激发保护原料自身营养,减少、杜绝对人体的污染、伤害，尽可能为消费者提供简朴自然的餐饮服务。

2. 绿色食堂怎么做

绿色食堂具体包含以下三方面内容：

（1）采购环节的绿色化：引导绿色食品采购，即保证食品原料的安全与环保。研究制定公共机构绿色食堂评价标准，建立食堂精细化管理制度，开展绿色食堂示范项目建设工作。第一，采购的货物必须来自于合法和安全的货源；第二，货物的数量与储备水平一定要与单位食堂的生产和经营规模相适应；此外，严禁采购野生动物作为食材，主动承担在保护野生动物方面的责任和义务。

（2）生产环节的绿色化：即食品生产方法要确保食品的营养与卫生，生产过程要注意运用绿色技术组织生产。食堂餐饮在生产过程中会消耗大量的能源，并产生大量的污染。《中华人民共和国清洁生产促进法》第二十三条明确规定，餐饮、娱乐、宾馆等服务性企业，应当采用节能、节水和其他有利于环境保护的技术和设备，减少使用或者不使用浪费资源、污染环境的消费品。因此机关食堂更应该率先垂范，实行清洁工艺生产，推广应用节能节水餐饮设施设备，实施食堂用水器具、设施设备和老旧管网节水改造；采用节能灶具、回收废热等新技术、新产品开展公共机构食堂灶具、排烟系统的节能改造，提高食堂能源自有利用率；安装节能高效油烟净化设施，保证油烟排放达标；推进餐厨废弃物资源化利用，具备条件的政府机关要安装餐厨废弃物就地资源化处理设备，做好污水、废气和垃圾的处理工作，做到达标排放。另外，要充分结合本地能源优势，考虑利用自然能源，如在高原地区可使用太阳能采热系统。

（3）食品服务环节的绿色化：首先，食堂禁止使用一次性发泡餐具。早在2001年，原国家经济贸易委员会（2003年，与对外贸易经济合作部合并组成商务部）连续下发了2个文件，要求生产企业和餐饮企业立即停止生产使用一次性发泡塑料餐具。其次，食堂要本着"经济实惠、合理配置、减少浪费"的原则安排餐食，并尽可能提供绿色、健康食品、饮品；对于提供零点业务的食堂，应主动为用餐人员提供"打包"服务。再次，在人们对公共卫生和健康越来越关注的时代，机关食堂应致力于创造一个环保、整洁、安静的用餐环境。食堂的装修装饰应采用环保无污染材料，色彩明快协调，空气清新，温度宜人，工作人员着装整洁大方。另外，有条件的食堂还应推行分餐制，且服务员与食品直接接触必须戴上一次性手套。

权威数据统计显示，我国每年仅餐饮浪费的食物蛋白和脂肪就分别达800万吨和300万吨，最少倒掉了约2亿人一年的口粮。中国财政每年用于公款招待的金额不在少数，大吃大喝、公款吃喝现象普遍严重，因此造成的铺张浪费数额巨大，普通民众对此深恶痛绝。2012年12月，中共中央政治局召开会议，审议通过了中央政治局关于改进工作作风、密切联系群众的八项规定，其中第八条要求例行勤俭节约，严格遵守廉洁从政有关规定。对党政机关公务接待、用餐习惯改进有很大转变。

自2013年起，全国掀起开展"光盘行动"的热潮。"光盘行动"是由热心公益的人们发起，其宗旨是：餐厅不多点、食堂不多打、厨房不多做。"光盘行动"对于养成人们在日常生活中珍惜粮食、厉行节约、反对浪费的习惯行之有效，同时大力倡导绿色生活、反对铺张浪费，使人们对请客吃饭时造成的铺张浪费有了一次理性的回归；另一方面，这项活动与国家严打贪污腐败，杜绝党内不良作风以及移风易俗开展新风尚的大思想不谋而合。八项规定实施以来，政府机构更要完善制度，使公务消费不敢浪费，形成"不想浪费、不愿浪费、不能浪费和不敢浪费"的社会氛围、制度体系和行业结构，使"舌尖上的浪费"得到有效遏制。

"十三五"期间，政府机关要进一步深入开展反食品浪费行动，杜绝浪费；引导干部职工养成爱惜粮食、节约粮食的好习惯；倡导文明就餐，不随意丢弃餐厨垃圾，营造文明卫生的就餐环境。

八、绿色信息

1. 什么是绿色信息

"绿色信息"是指实现信息通信网络绿色化，重点在信息通信网络中的主要耗能排碳的系统设备，如信息通信设备、温湿控制调解设备、照明设备、电源设备、运营管理系统等应用节能减排技术，针对这些设备有效地实现技术的创新与新能源的有效利用，以全面落实节能减排的要求，确保行业的稳健可持续发展。

在我国实施可持续发展战略、绿色低碳发展的背景下，我国的信息行业对于能源的消耗量巨大，加上信息技术的迅速发展，网络的逐渐普及致使耗能量随之上升；与此同时，信息通信网络的不断发展致使二氧化碳的排放量急剧上升，这不仅对生态环境产生了严重的破坏，同时也制约了可持续发展战略的实施进展，进而制约了社会经济的可持续发展进程。因此，绿色信息势在必行。

2. 绿色信息怎么做

2006年4月25日,多家技术行业领先企业联合宣布将创建绿色网格(The Green Grid)组织,协助降低企业数据中心不断增长的功耗和散热需求。绿色网格(Green Grid)是一个全球性非营利机构,致力于开发影响深远而又不受任何平台约束的技术标准、测量方法、处理流程及新型技术,力求提升数据管理方面的能源效益。该机构成员覆盖IT科技界的专业人士,特别是数据中心主管及IT运营主管。绿色网格联盟成员都坚守同一理念:降低全球能源消耗,为人类带来"绿色能源"。

2007年2月,绿色网格组织制定了数据中心的能效比指标,其中主要的一项指标是PUE(Power Usage Effectiveness),即电能使用效率,是评价数据中心能源效率的一个指标,PUE=数据中心总设备能耗/IT设备能耗,PUE是一个比率,基准是2,越接近1表明数据中心能效水平越高。因此,数据中心节能技术可以从以下三个方面开展。

(1)IT设备节能:数据中心IT设备是能耗大户。以服务器为例,服务器最大的能耗来自芯片,单颗Intel至强处理器的功耗为80~95W,有的达130W。基于X86服务器环境中,Windows和Linux服务器利用率一般低于CPU资源的15%;很多UNIX服务器只利用了15%~25%,这意味着服务器有75%~90%的时间在消耗电源和冷却资源,却不完成任何工作。因此,我们可以采购节能产品,如采用多核的X86芯片技术提升处理能力,采用高效电源,引入高效率的双段式对转风扇,采用HDD2.5英寸小硬盘等等。此外,虚拟化技术可以使多个服务器上的工作负载合并到单个服务器上,使服务器利用率提高到50%~70%。

还有网络设备、存储设备等，都有相应的虚拟化新技术支持。

（2）供电系统的节能：针对UPS（Uninterruptible Power System）电源系统运行现状，高可靠性、可用性及高适应性能力，保护环境及节能降耗等多维度考虑。例如，提高UPS最佳负载下的转换效率，或者提高UPS在低负载下的转换效率；采用UPS虚拟运行技术，在低负载下，UPS组供电系统只保持少数UPS给负载供电，将其余UPS与服务器同步休眠，以减少低负载下的能耗；用直流供电系统取代交流供电系统为服务器供电。

（3）制冷系统节能：机房空调制冷系统对数据中心的安全稳定运行起着不可或缺的作用，发展高能效机房空调、机房空调虚拟运行技术、机房冷热气流隔离技术、高热密度解决空调方案、机架式空调技术、多冷媒利用技术和可再生能源空调都是努力方向。

总而言之，绿色信息要求加强机房节能管理，建设机房能耗与环境计量监控系统，对数据中心机房运行状态及电能使用效率（PUE）、运行环境参数进行监控，提高数据中心节能管理水平。实施数据中心节能改造，改造后机房能耗平均降低8%以上，平均PUE值达到1.5以下。加大公共机构采购云计算服务的力度，鼓励应用云计算技术整合改造现有电子政务信息系统，实现数据信息网络互联互通，数据信息资源共享共用，减少数据信息资源浪费。

九、绿色文化

1. 什么是绿色文化

绿色文化即人类与环境的和谐共进，使人类实现可持续发展的文化，包括持续农业、持续林业和一切不以牺牲环境为代价的绿色产业、生态工程、绿色企业，也包括有绿色象征意义的生态意识、生态哲学、环境美学、生态艺术、生态旅游，以及绿色运动、生态伦理学、生态教育等诸多方面。

2. 绿色文化怎么做

我们可以充分利用广播、电视、网络、报刊、微信等多平台、多渠道开展节能、节水宣传活动，提高政府机关干部职工和社会大众对绿色低碳生活的认知度，倡导绿色消费理念，普及节约知识，引导公众合理使用耗能产品，切实践行节约集约循环利用的能源资源消费观，推动工作方式向高科技含量、低能源资源消费的方向转变，推动生活方式向绿色低碳、文明健康的方向转变。

此外，还要加强节约能源资源和生态文明建设宣传引导，广泛开展节能宣传周、全国低碳日、中国水周等主题宣传活动，普及生态文明法律法规、科学知识，树立生态文明理念，培育生态文明道德。积极倡导公共机构开展个人工作生活"碳足迹"计算，减少个人工作生活对自然环境的影响，践行减少"碳足迹"的环保理念。

下面以全国节能宣传周大型活动为例。2017年6月15日，恰逢第27个，第八届"低碳发展·绿色生活"公益展开幕式在北京举行。此次公益展以"行动，即未来"为主题，由工业与信息化部、生态环境部、国务院国有资产监督管理委员会、国务院侨务办公室、国务院新闻办公室、国家机关事务管理局、北京市政府指导。公益展在北京王府井步行街展出200余张图片，为期一周。

中国气候变化事务特别代表、全国政协人口资源环境委员会副主任解振华在开幕式致辞中阐述了中国低碳行动的意义。"当前,我国正处在信息化、工业化、城镇化、农业现代化的发展进程中,认真贯彻落实'创新、协调、绿色、开放、共享'五大发展理念,积极应对气候变化,推动绿色低碳发展,是我国转方式、调结构、提高经济增长质量和效益的现实选择,是实现中华民族永续发展的内在需求,更是每一位国人应有的责任担当。"

为发挥榜样的带动作用,鼓励各行各业积极践行绿色低碳发展理念,开幕式现场还揭晓了"2017低碳榜样"。本届公益展从"依赖""觉醒""知行""归心"四大主题词出发,精心挑选200余张精彩图片,向公众展示了中国低碳崛起之路。作为全国节能宣传周、全国低碳日官方指定活动,"低碳发展·绿色生活"公益展至今连续举办八届,每年都会有超过400万人次观看并参与其中。

十、合同能源管理

1. 什么是合同能源管理

合同能源管理(Energy Management Contract)是一种基于市场运作的节能服务方式,是指从事节能服务的公司(http://www.emca.cn),通过与客户签订节能服务合同,向客户提供能源审计、项目融资、工程设计、项目施工、节能效果监测等一条龙服务,并从客户节能改造后获得的节能效益中收回投资和取得利润的一种商业运作模式。合同能源管理作为一种基于市场的节能手段,对促进各领域节能减排工作具有重要的现实意义。

合同能源管理是发达国家普遍推行的、运用市场手段促进节能的服务机制。节能服务公司与用户签订能源管理合同,为用户提供节能诊断、融资、改造等服务,并以节能效益分享方式回收投资和获得合理利润,可以大大降低用能单位节能改造的资金和技术风险,充分调动用能单位节能改造的积极性,是行之有效的节能措施。我国20世纪90年代末引进合同能源管理机制以来,通过示范、引导和推广,节能服务产业迅速发展,专业化的节能服务公司不断增多,服务范围已扩展到工业、建筑、交通、公共机构等多个领域。1998年,国家发展改革委员会在世界银行、全球环境基金的支持下,实施了"中国节能促进项目",将这一机制引入中国,目的就是让懂节能管理的人管能源,让清楚节能减排知识的人去具体操作,运用科学方法把节能减排指标落到实处。

2008年8月国务院颁布的《公共机构节能条例》首次提出公共机构可以采用合同能源管理方式。2010年4月5日,国务院颁布的《关于加快推行合同能源管理促进节能服务产业发展的意见》明确规定了各级政府机关采用合同能源管理的相关会计制度。这些政策为各级政府机关开展合同能源管理提供了良好的政策环境。

2. 合同能源管理怎么做

我国公共机构数量庞大,公共机构能源消费在全国终端能源消费总量中所占比例较大,具有较大的节能空间。另一方面,我国公共机构的能耗主要集中在楼宇等公共建筑的水耗、电耗和油耗,目前由于缺乏专业的技术手段和管理手段,应用新技术和可再生能源技术较为落后,导致能源有效利用率较低。据统计,我国办公建筑单位面积用电量是欧洲和日本同类建筑的1.5~2.0倍。因此,采取适当节能措施将有效提高能源利用效率。

世界各国经验证明，政府机构采取合同能源管理能够产生巨大的节能效应。在美国，节能服务公司已发展为一种新兴的节能产业，节能服务领域主要集中在政府、大学院校、中小学校以及医院。在美国50个州中，有46个州通过了对合同能源管理的立法，要求州内的公共建筑必须利用合同能源管理方式进行节能改造。

合同能源管理采取了三种合同类型：

（1）节能效益分享型：节能服务公司提供节能项目资金，合同期内节能服务公司与客户按照合同约定分享节能效益，合同结束后设备和节能效益全部归客户所有。

（2）节能量保证型：客户提供全部或部分项目资金，节能服务公司实施节能项目，没有达到承诺的节能量，节能服务公司赔付全部未达到的节能量的经济损失。

（3）能源费用托管型：节能服务公司为客户管理和改进能源系统，节能服务公司的经济效益来自能源费用的节约，客户的经济效益来自能源费用的减少。

这三种形式实现的焦点是节能量的认证，这是合同能源管理的突破口，也是合同能源管理的生长点。推行合同能源管理促进节能服务产业发展，还要把握节能工作的客观规律性，更要因地制宜，循序渐进；整合好各种资源，寻找节能工作新的增长点，必须建立一套节能工作后评价机制，不断持续改进合同能源管理工作。

节能工作后评价是运用现代系统工程与反馈控制的管理理论，对节能改造项目和节能管理的决策、实施和运作结果做出科学的分析和判定。节能项目后评价反馈机制是一个表达和扩散后评价成果的动态过程，包含后评价成果的反馈流程和管控机制。通过该机制的有效运作，使后评价成果在新建或已有项目，或其他开发活动中得到采纳和应用，最终使实际结果逼近计划目标，从而实现节能的整体性和持续性。后评价机制能够把节能的控制贯穿到工程的各个环节、各个部分，能够真正把各专业、各部门联结起来，实现从建筑材料的低层次节能到合理利用能源、合理使用能源等高层次的节能转变；能够真正建立各行业、各领域的专家组，对项目的节能成效进行评价、反馈意见、提出改进，提高节能的技术含量。

因此，政府机关的节水、节电、节能都可以通过合同能源管理进行一揽子总体规划、设计、实施、监督和后评价。

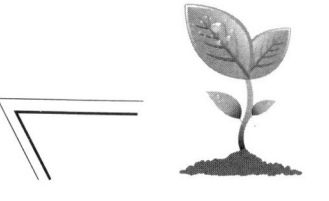

第三章
关于实践——如何创建绿色机关

在了解了绿色机关的创建背景、概念和相关内容后，相信读者们对绿色机关创建已经有了深入的认识，对如何创建绿色机关也有了初步的想法。本章将具体介绍创建绿色机关的指导思想和具体方法，供读者参考。

第三章 关于实践——如何创建绿色机关

第一节 创建绿色机关的指导思想

当前,公共机构尤其是政府机关要牢固树立新发展理念,坚持节约集约循环利用的资源观,充分发挥带头示范作用,继续积极主动作为,创新方式,深挖潜力,着力提高能源资源利用综合效益,促进形成勤俭节约、节能环保、绿色低碳、文明健康的社会风尚,为建设生态文明和美丽中国做出更大贡献。

在采取了一系列促进政府机关节约能源资源的重要举措基础上,各级政府机关应继续按照"五位一体"总体布局和"四个全面"战略布局,牢固树立创新、协调、绿色、开放、共享的发展理念,坚持全程覆盖、重点推进、分类指导,落实和完善制度,发挥市场机制和典型示范作用,推动政府机关节约能源资源工作向纵深发展。

2016年6月28日,国家机关事务管理局和国家发展改革委员会在联合印发的《公共机构节约能源资源"十三五"规划》中,对"十三五"时期创建绿色机关提出明确要求。

一、总体要求

以邓小平理论、"三个代表"重要思想、科学发展观、习近平新时代中国特色社会主义思想为指导,全面贯彻党的十九大精神,牢固树立和贯彻落实创新、协调、绿色、开放、共享的发展理念,以生态文明建设为统领,以绿色机关创建为主线,以改革创新为动力,提升能源资源利用效率,推进能源资源节约循环利用,形成勤俭节约、节能环保、绿色低碳、文明健康的工作和生活方式,充分发挥公共机构的示范引领作用。

1. 发展理念

坚持创新发展。创新发展是推进公共机构节约能源资源工作的根本动力。把创新贯穿公共机构节约能源资源工作的各方面和全过程,推进节能管理工作的制度创新、机制创新、方式创新、科技创新,不断提高节能工作科学化、信息化水平。

坚持协调发展。协调发展是推进公共机构节约能源资源工作的内在要求。协调好公共机构节能管理部门与相关业务主管部门的关系,协调好节约能源资源与保障业务发展的关系,协调好示范引领与全面推进的关系,完善协调配合机制,推进不同区域、不同类型、不同层级公共机构节能工作的协调发展。

坚持绿色发展。绿色发展是推进公共机构节约能源资源工作的目标愿景。节约能源资源既是绿色发展的组成部分,又是助推绿色发展的重要举措。要通过节约能源资源工作,推动公共机构实现绿色生产、绿色消费,为全社会的绿色发展发挥积极作用。

坚持开放发展。开放发展是推进公共机构节约能源资源工作的重要途径。推进公共机构节约能源资源工作,核心是增强公共机构的内在动力,目标是提高能源资源节约集约利用效率,必须坚持依靠自身努力和借助外力并重,坚持引资引技引智并举,推进节能信息公开,提升公共机构节约能源资源的社会化、专业化水平。

坚持共享发展。共享发展是公共机构节约能源资源工作的价值追求。公共机构要发挥节约能源资源的示范带动作用，形成人人有责、人人尽力、人人共建、人人共享的新风尚，在提供公共服务的过程中，让社会公众共享节能减排成果。

2. 基本思路

推进依法管理。加强《党政机关厉行节约反对浪费条例》《公共机构节能条例》配套制度建设，逐步形成科学规范、管理严格、覆盖全面、操作性强的节约能源资源制度体系，依法依规开展节能指导、推进、协调、监管、统计、审计、考核、责任追究等工作，推动节能法规制度的贯彻落实。

用好市场机制。激发公共机构节能服务的市场需求，加快推行合同能源管理、政府与社会资本合作等模式，鼓励和引导公共机构利用社会资本参与节能改造、能源管理。适应机关事业单位后勤服务社会化改革的要求，充分发挥物业服务企业在能源管理中的重要作用，提高节能管理专业化水平。

实施分类管理。根据各地区的不同经济发展水平、气候特征，以及不同类型、不同层级公共机构的特点，设定更加合理的节能目标。加强能源资源消费基准线研究，逐步建立分级分类的节能目标评价体系，鼓励实行能耗定额管理。实施能源和水资源总量与强度双控，公共机构能源消费总量控制在2.25亿吨标准煤以内，用水总量控制在140亿立方米以内。以2015年能源资源消费为基数，2020年人均综合能耗下降11%、单位建筑面积能耗下降10%，人均用水量下降15%。

突出重点管理。健全节约能源资源管理体系，建立比较完善成熟的公共机构节约能源资源组织管理体系、制度标准体系、技术推广体系、统计监测体系、监督考核体系、宣传培训体系。实施重点用能单位管理制度，分级分类确定重点用能单位能耗标准，建立重点用能单位名录，加强对重点用能单位的指导监督，推动重点用能单位带头执行国家节能减排政策，发挥重点用能单位的示范带动作用。

第二节 创建绿色机关的具体做法

推进绿色机关创建活动,要紧紧围绕加强政府自身建设,构建服务型政府的目标,更新思想观念,创新体制机制,理顺权责关系,完善法规制度,科学配置机关资源,合理使用各类资产,加强对机关人财物的管理,建立公共机构节能管理机制,倡导低碳环保的办公、生活方式,加强机关能耗管理,推进机关低碳运行。多管齐下,形成合力,切实降低运行成本,提高行政效能,为建设廉洁、务实、高效政府机关做出积极贡献,使低碳环保成为广大机关干部的自觉选择,通过他们的示范作用,带动广大市民共同实践低碳环保理念。

在工作理念上,要牢固树立勤俭节约是传统美德、文明风尚,更是治国方略、发展战略的科学理念。充分认识建设绿色机关,是一种体谅物力艰辛、应对物质匮乏的生活理念,也是一种渴望提高效益、追求兴业强国的生产理念,更是一种秉承历史传统、体现未来战略的发展理念,大力倡导勤俭节约,自觉珍惜物力财力。

在工作目标上,要围绕加强政府自身建设,构建服务型政府的目标,切实降低机关运行成本。紧密结合我国能源资源短缺、机关服务保障资源有限的现实,作决策、谋发展、搞管理、做服务,努力构建有利于转变政府职能,有利于建设服务型政府,有利于降低机关运行成本的工作格局。

在工作举措上,要立足全面、协调和可持续发展,坚持规划先行,增强规划的科学性、前瞻性;紧扣政府决策、公共政策、组织管理、自我运行等关键环节,减少因机制不合理、制度不完善而增加的"决策成本""执行成本"和"服务成本";坚持实事求是、量入为出,正确处理投入与产出、节约与效能的关系,杜绝"形象工程"和"政绩工程",减少不必要的行政开支。

在保障措施上,要立足政府机关组织、建设、运转、发展的各个领域,围绕政府机关人力、物力、财力的各个方面,推动法制建设,健全制度标准,完善评价体系,推行政务公开,强化制度约束,坚持依法行政,努力使绿色机关建设有法可依、有法必依、高效规范、公开透明。

除了第二章第二节介绍的绿色机关创建主要包含的十个方面内容外,本节内容主要参考国家机关事务管理局组织制定的《节约型机关评价导则》(GB/T 29118-2012)《公共机构能源资源管理绩效评价导则》(GB/T 30260-2013)《公共机构能源管理体系操作手册》(2016年1月版),希望对政府机关创建绿色机关提供参考和帮助。

一、加强组织领导,统筹谋划设计

推进公共机构节能,建设绿色机关任重而道远。首先需要领导的高度重视和大力推动,能源管理体系标准(GB/T23331)中对领导在体系建设过程中应承担的职责给出了明确要求,也给出了特指的称谓——"最高管理者"和"管理者代表"。最高管理者是指在用能单位最高层指挥和控制本单位的决策者或决策层。管理者代表由最高管理者任命授权,负责组建能源管理体系工作小组执行具体工作。在政府机关中,最高管理者通常是本单位主管节能工作的领导或领导小组,管理者代表通常是主管后勤部门的负责人。

各地区、各部门要加强对节约能源资源工作的统筹谋划和组织领导,结合实际进一步明确目标任务和保障措施,逐级分解落实到年度计划中。各级节能管理部门要全面履行职能,加强指导协调和管理监督,完善由机关事务管理、发展改革、教育、工业和信息化、财政、环境保护、住房城乡建设、水利、商务、卫生计生、能源等部门参与的协同推进机制,形成纵向联动、横向协调、执行有力、运转顺畅的协调机制。要及时研究新情况、解决新问题、推广新经验、一级抓一级,层层抓落实。

二、健全制度标准,完善分类评价

推进能源管理体系建设,完善计量统计、能源审计、监督考核、降低碳排放等配套制度标准,形成科学规范、管理严格、覆盖全面、监管统一的制度体系。

政府机关按合同能源管理改造合同支付给节能服务公司的支出,视同能源费用列支或计入相关支出。政府机关选择物业服务企业、设备设施提供方、设备设施维护外包方等外部合作方时,要充分考虑其节能管理能力,并就降低能源消耗、提高能源利用效率方面与上述合作方进行必要的沟通,并在合同或相关协议中做出规定,明确节能管理的目标和要求。此外,针对可能出现的能源意外事故,政府机关还需制定相应的预案。

根据不同区域、不同类型政府机关能源资源消费特点，完善绿色机关分类评价标准，制定政府机关能效领跑者评价标准。

推动建立能源资源消费基准线和能耗定额标准，强化能耗强度控制。

节能项目的各重点用能系统运行管理的主要方面有：

1. **供暖空调通风系统**

（1）严格执行国家有关空调室内温度控制的规定，充分利用自然通风，改进空调运行管理。减少空调待机能耗，根据环境温度情况确定启用和停用时间。过渡季节合理采用全新风运行，减少制冷机组运行时间。

（2）根据建筑负荷特点有效采取部分负荷调控措施，有条件时对空调的水系统和风系统采用变流量控制，合理采用大温差小流量运行。

（3）积极采用热回收措施，降低新风处理的能耗。

（4）冷却塔安装位置保持良好的通风和散热环境。

（5）按照《空调通风系统清洗规范》（GB19210）的要求，为确保换热效率、保障空气质量，定期对空调设备实施清洗维护。

（6）供暖系统根据室外气温情况，可按需供暖。同时根据建筑使用特点实行可分时段供暖、夜间低温运行。

（7）锅炉房、空调机房的风机、水泵应积极采用自动控制变频调速等技术，使设备处于经济运行状态，通过智能控制做到实时调整设备的运行状态，改善三相电流不平衡、部分负载功率因数偏低等现象。

（8）对建筑物的集中冷热源、流体输配系统等运行状态进行监控与计量，其用能效率不宜低于《公共建筑节能改造技术规范》（JGJ 176）规定的限值。

（9）改善管网输配性能。做好管网系统水力平衡调试，通过调节消除热网水力平衡，避免出现不经济运行状况。

（10）加强管网系统的调节能力，有条件的可采用平衡阀及平衡阀智能仪表取代调节性能差的闸阀或截止阀，建筑的热力入口处可配置热量调节和计量装置，改善系统调节能力。

2. 照明系统

（1）办公建筑充分利用自然采光，使用高效节能照明灯具。

（2）优化照明系统设计，改进电路控制方式，推广应用分区控制或者智能调控装置。

（3）严格控制建筑物外部泛光照明。

3. 给排水系统

（1）开展水平衡测试工作。

（2）充分利用市政管网压力，积极采用无负压供水方式。

（3）洗手间可采用感应式洁具、水龙头。具备条件时，充分利用就近市政中水系统或自建中水处理站。

（4）应积极采用废水回收装置。

（5）生活热水热源积极采用余热、冷凝热或太阳能等热源，减少电热水器及锅炉使用。

（6）绿化浇灌宜采用喷灌、微灌、滴灌等高效方式，合理安排绿化灌溉次数及用水量。

（7）根据当地的水资源情况和经济发展水平，可开展雨水利用工程，铺设透水地面等，将雨水资源合理利用。

4. 供配电系统

（1）对建筑按照用能系统进行分类、分项计量；对既有建筑结合节能改造计划，逐步做到电力分区、分项计量。

（2）更新改造老化线路、变电器、电动机等设备设施，提高电力系统运行效率和安全系数，降低线损率及其他运行损耗。

（3）在确保重要负荷安全用电的前提下，调整供电模式，季节性负荷变压器在过渡季节时可考虑合理运行方式，减少变压器的空载损耗，保证变压器周围的通风散热。

（4）监测负荷三相电压平衡情况，如出现严重不平衡，要对末梢配电系统进行相序平衡调整。

5. 楼宇自控系统

（1）中央监控管理系统需具备监控功能、显示功能、操作功能、控制功能、数据处理功能、通信功能、协议开放功能和安全保障功能。

（2）现场监控系统要发挥对建筑用能设备的自动控制功能，根据自动采集的参数及反馈信号实现设备、系统自动调节，以降低能耗为目标完善控制程序。

（3）针对不同设备的使用特点，实施最佳启停控制。

（4）在不影响设备安全运行和室内环境质量前提下，优化设备或系统运行控制方式，采用先进控制算法，实现节能控制。

（5）采用先进系统集成技术，发挥各系统间的联动作用，实施设备运行参数远程自动采集，在线设备故障自动诊断和控制方式优化等功能。

6. 围护结构

（1）对建筑围护结构进行必要的节能改造，满足现行国家标准，降低供暖、通风空调区域的散热（冷）损失。

（2）对建筑围护结构节能改造要根据建筑自身特点，确定采用的构造形式以及相应的改造技术。对原有外立面的建筑造型、凸窗宜采用相应的保温改造技术措施。

7. 其他用电设备及系统

（1）对数据中心机房、食堂、开水间、锅炉房等区域的用能情况实行监测，采取有效措施降低能耗。

（2）加强办公用电管理，建立用电巡查制度，减少计算机、复印机等用电设备的待机能耗，及时关闭用电设备。

（3）配备节水型电开水器、节能燃气灶具等。

此外，为改善工作和生活环境，促进资源回收利用，推动生活垃圾减量化、资源化、无害化，政府机关要带头实施生活垃圾分类工作[①]，逐步建立生活垃圾分类的常态化、长效化机制，对推动全社会

---

① 《关于推进党政机关等公共机构生活垃圾分类工作的通知》（国管节能〔2017〕180号）。

普遍实施生活垃圾分类具有重要的示范引领作用。2017年底前,中央和国家机关及省(区、市)直机关已率先实现生活垃圾强制分类。预计到2020年底前,直辖市、省会城市、计划单列市和住房城乡建设部等部门确定的生活垃圾分类示范城市的城区范围内政府机关均要实现生活垃圾强制分类;其他公共机构要因地制宜做好生活垃圾分类工作。

图3-1 中央国家机关办公区生活垃圾分类指南(摄于生态环境部机关)

政府机关要将包括废电池(镉镍电池、氧化汞电池、铅蓄电池等)、废荧光灯管(日光灯管、节能灯等)、废温度计、废血压计、废药品及其包装物、废油漆、溶剂及其包装物等有害垃圾,按照便利、快捷、安全的原则，设立专门场所或容器，对不同品种的有害垃圾进行分类投放、收集、暂存，并在醒目位置设置有害垃圾标志。对列入《国家危险废物名录》（原环境保护部令第39号）的品种，要按要求设置临时贮存场所。要将有害垃圾交由具备资质的机构进行收运处置，根据有害垃圾的品种和产生数量，合理约定收运频率。

政府机关食堂产生的餐厨垃圾，包括剩菜剩饭、骨头、菜根菜叶、果皮等餐厨垃圾，要设置专门的密闭容器单独存放，明确专人清理，避免混入废餐具、塑料、饮料瓶罐、废纸等不利于后续处理的杂物。建立台账制度，记录餐厨垃圾数量、去向。日就餐人数1000人以上的单位建议安装餐厨垃圾就地资源化处理设备；不具备就地资源化处理条件的政府机关要将餐厨垃圾交由所在城市的专业机构进行回收处理，做到"日产日清"。

对于废弃计算机、打印机、复印机、传真机、扫描仪、投影仪、电视机、空调机等废弃电器电子类产品的可回收物，严格废弃电器电子类资产管理，建立台账制度，记录电器电子类资产数量、去向。电器电子类产品超过规定使用年限或经专业技术部门鉴定无法修复的，履行资产处置程序后，交由具备资质的再生资源回收企业进行环保回收处理。鼓励各地区建立集中处置平台，对废弃电器电子类产品进行统一回收处置，并符合保密规定和要求。

对于公开发行的废旧报刊书籍、废塑料、废包装物、废旧纺织物、废金属、废玻璃等其他可回收物，应当根据可回收物的种类和产生量，设置专门容器或临时存储空间，实现单独分类、定点投放，必要时可设专人分拣打包，做到标识明显。与专业回收企业合作，构建集中管理、规范高效的废旧商品回收网络，将可回收垃圾纳入再生资源回收利用渠道。涉密的废旧文件资料，按照保密规定和要求进行收运处置。

对于包括卫生纸、餐巾纸、烟头、果皮果壳等不可回收垃圾，要在办公室和公共区域按照可回收垃圾、其他垃圾配置分类垃圾桶（篓），引导干部职工形成主动分类、自觉投放的良好习惯。

三、强化监督考核，推进信息公开

1. 改变政府机关能源浪费的现状，不能大而化之地喊口号

机制最管用，必须建立起一套考核机制，明确政府机构节能任务，把政府机构节能责任纳入岗位职责和日常管理的考核之中。通过严格的考核管理，控制能耗的支出。这样环环紧扣，政府机关的节能工作才能取得实效。

把政府机关节能纳入政府绩效和对下级政府节能考核内容。建立和完善节约能源资源目标责任制，开展年度考核，落实奖惩措施。强化节能监察，推进节能执法。

在能源管理体系运行过程中，政府机关通过监测和分析重要能耗数据，可以判断本单位能源管理体系的运行情况和实施效果，并及时发现问题，为持续改进提供相关记录和参考数据，实现全过程管理控制。

政府机关应如实记录原始数据，建立统计平台，使能耗监测数据准确有效，确保其能体现本单位能源使用和能源消耗的真实水平，便于开展下一步改进规划。当主要用能设备和区域发生变化时，要对监测范围进行相应调整。

2.建立健全能源资源消费信息通报和公开制度

对年能源消费量500吨标准煤以上或年电力消费200万千瓦时以上以及建筑面积1万平方米以上的公共机构或集中办公区开展能源审计。

为能够反映能源利用和管理过程中各类信息的全面性、正确性、可靠性、及时性，以及信息处理的有效性，以期达到最佳的节能效果，政府机关在实施能源管理体系过程中，需要建立能源管理信息沟通机制，包括内部信息沟通和外部信息交流。

内部信息沟通的具体内容包括：能源方针；适用的法律法规等要求及其更新、执行的情况；能源使用和能源消耗识别、评价结果；能源绩效参数；能源目标指标、能源管理方案的实施情况及效果；能源管理技术或管理经验；对能源绩效的关键特性进行定期检查、测量和分析的结果；能源管理体系运行情况，内部审核和管理评审的结果；不符合及纠正预防措施实施效果；其他信息。

内部信息沟通的方式主要有：会议、公告栏、论坛、简报、意见箱、网络等。内部信息沟通要实现有效的双向沟通，要充分鼓励本单位工作人员、外包物业服务人员及提供设备设施维护服务的外部人员等，对能源绩效的改进提出有益的意见和建议。

外部信息交流分为主动交流和被动交流。主动交流包括：政府机关通过参加会议的方式与外部相关方进行信息交流；通过电子邮件、电话等方式向各级节能主管部门、行业协会、其他公共机构等寻求能源管理的信息；主动收集节能新技术、最佳能源管理实践等。被动交流包括：接受并及时处理节能相关监督检查部门反馈的信息；按照要求定期报送能耗状况等。

外部信息交流的方式包括发布会、论坛、非正式的讨论、网站、电子邮箱、通讯简报、年度报告等，还可以通过印发宣传资料等形式进行的社会宣传。如：某单位为了展示对节约能源的贡献，对外界定期公布本单位能源绩效等。

四、落实资金保障，鼓励社会资本

发挥财税、金融等政策的引导作用，加强节能预算资金管理，进一步完善节能资金保障机制；鼓励和引导社会资本参与政府机关节约能源资源工作，运用市场机制，推动政府与社会资本合作，推广应用合同能源管理、合同节水管理。

五、强化技术支撑，确保节能实效

技术节能是政府机关节能减排的重要手段。为指导各级政府机关推广应用先进、适用的节能节水技术和产品，提高节能效率，国家机关事务管理局公共机构节能管理司、中国质量认证中心组织编写了《公共机构绿色节能节水技术产品参考目录（2017年）》（以下简称《目录》）。《目录》采取每季度申报、评审的动态管理机制，方便技术拥有单位随时申报，保证了新技术、新产品的更新和推广。经过专家评审，共有103项节能节水技术产品纳入本期《目录》，内容涵盖建筑隔热保温、空调和通风、绿色数据中心、供热锅炉、照明和采光、供电配电、餐厨设备、能源消费监控、电梯及动力、用水设备、新能源和可再生能源系统及其他等12个系统。每项技术产品都从适用范围、技术/产品的技术原理和技术参数、适用条件与限制条件、节能/节水效果、同类产品比较、典型应用等方面全面介绍，并提供技术/产品申报单位、联系人及联系方式，供参考。

依托高等院校、科研院所建立技术支撑体系，开展节能关键技术集成示范。尊重科学、讲究方法，确保节能的实效。

开拓创新，包括使用节能设备、进行技术改造和管理制度创新。完善节能节水技术产品的遴选、鉴定、推广、应用机制。

推进互联网、物联网技术与传统节能环保技术的深度融合，提升节约能源资源工作信息化、智能化、科学化水平。

六、实施重点工程，提升节能效果

政府机关实施新建、改建和扩建项目时，对重点用能的设施设备和环节要充分考虑能源绩效改进的机会和运行控制的需要，从源头上降低能耗、提高能效。实施项目前，进行必要的节能效果预估，确定节能效果验证方式，明确项目的节能目标、指标，并在节能改造后对节能效果按既定方式进行验证。在确定节能改造方案时，需要充分考虑改造施工过程中对未改造区域用能的影响。

新、改、扩建项目的设计要满足《公共建筑节能设计标准》（GB50189）和《公共建筑节能改造技术规范》（JGJ 176）的要求。同时加强涉及节能管理的设计和建设的全过程监督工作。优先使用节能新技术、新产品、新材料，倡导使用太阳能等新能源和可再生能源，全面确保新建、改扩建项目设计阶段、施工阶段、使用阶段的新能源和可再生能源的应用水平。

政府机关在项目的设计过程中要进行合理的用能评估。内容主要包括：是否符合国家法律、法规、产业政策、节能标准等要求；用能总量及用能种类是否合理；是否严格执行国家明令淘汰的设备、产品目录；是否采用先进适用的节能技术；能耗指标及能效水平是否达到国内外能耗先进水平；采用的节能技术措施和预期达到的节能效果分析；经济效益分析等。用能评估结果可以作为政府机关确定相关项目节能设计要求的参考依据。

"十三五"期间，政府机关节能重点工程有以下几类：

1. 实施燃煤锅炉节能环保综合提升工程

加快整治小型燃煤锅炉，地市级以上城市建成区的公共机构基本淘汰10蒸吨/时以下的燃煤锅炉，禁止新建20蒸吨/时以下的燃煤锅炉；加快淘汰小型分散燃煤锅炉，将城市热力管网覆盖区域的公共机构纳入城市集中供热。有条件的地区，推动公共机构采用分布式燃气机组代替燃煤锅炉。对未纳入整治范围的燃煤锅炉，实施燃烧优化、自动控制、低温烟气余热回收、太阳能预热、冷凝水回收利用等节能技术改造试点，改造燃煤锅炉5000蒸吨。推进锅炉系统的安全、节能、环保标准化管理，建立锅炉能源管理系统，加强在线节能环保监测和诊断。中央国家机关开展1000蒸吨燃煤锅炉节能环保综合改造。

2. 实施可再生能源应用工程

推广太阳能光伏、光热等可再生能源应用，开展"互联网+"分布式能源站建设；推广热泵技术，在具备条件的公共机构实施地源、水源、空气源热泵示范项目,提高可再生能源在能源消费总量中的比例,优化能源消费结构。建立资源回收利用长效机制,推进废旧电子产品、办公用品等循环综合利用,加强废旧商品、生活垃圾等分类收集,推广应用智能型自动回收机,回收利用率达到80%以上。

3. 实施节地节水工程

严格落实土地规划利用有关法规政策,节约集约使用各类土地,合理开发利用地上、地下空间资源。落实最严格水资源管理制度,对建设项目严格进行水资源利用论证,实行节水设施与主体工程同设计、同施工、同投产制度。组织开展节水型单位和节水标杆单位创建,全部省直机关和50%以上的省属事业单位、中央国家机关所属在京公共机构建成节水型单位。推广应用节水新技术、新工艺和新产品,鼓励采用合同节水管理模式实施节水改造,提高节水器具使用率。完善用水计量器具配备,基本实现用水分户分项计量,推广用水计量收费。推广水资源循环利用,安装中水利用设施,开展雨水收集利用。

4. 实施节能计量统计基础工程

按照能源资源可计量、可监测、可考核原则,规范公共机构能源资源计量器具配备,政府机关的行政、业务、后勤服务及其他功能区域分区计量器具配备率达到100%;中央空调和独立食堂、公共浴室、游泳馆等重点用能系统和部位,分项计量器具配备率达到100%。推进重点用能单位节能监管系统建设,提高用能管理智能化水平。开展统计数据会审和统计工作专项抽查,持续提高统计数据质量,推进数据共享，加强统计数据分析应用，推进政府机关能源资源消费统计信息化，提高统计工作效率。

5. **实施试点示范工程**

实施节约型公共机构示范单位创建工作，创建3000个国家级示范单位。推动省级、地市级示范单位创建工作，实现"县县有示范"的目标。建设示范单位信息管理系统，开展示范单位动态管理、节能效果评价复核和创建交流活动。实施政府机关能效领跑者制度，建立政府机关能效领跑者评价标准体系，评选200家能效领跑者。推进合同能源管理、合同节水管理，完成600个示范项目。推进节约型办公区建设，中央国家机关本级建成节约型办公区。

七、积极宣传推广，增强节能意识

要始终把增强干部职工的节约意识放在首位。政府机关可以结合实际需要，在单位内部开展各种形式的节能意识宣传活动，如：利用宣传栏、本单位网站普及节能知识、法规和政策；开展知识讲座、知识竞赛、节能征文、节电节水倡议等活动；开展节能产品体验，本单位节能成效展览等活动。增强工作人员节能意识，求真务实，从大处着眼，从小处着手，从节约每一滴水、一张纸、一度电、一升油做起。

八、完善培训机制，提升人员素质

完善节能管理业务培训机制，建立上下联动、条块结合的培训组织体系。深化与高等院校、科研院所和节能服务企业的合作，提高面授和远程培训效果。机关事务管理系统要实现中央国家机关、省级及地市级节能管理负责人面授培训实现全覆盖，节约型公共机构示范单位和重点用能单位面授培训达到80%以上，完成100万人次以上节能教育培训，5万人次以上远程节能培训，提升各级各类节能管理人员的能力素质。

政府机关根据本单位的实际情况，适时开展岗位培训和节能宣传教育，增强与主要能源使用相关人员的节能意识与技术能力，提高能源管理水平。与主要能源使用相关的人员包括能源管理人员和设备操作人员等。

政府机关可以对重点用能系统和设备的工作人员、办公人员、服务人员等开展不同形式的培训，提高整体节能意识、管理水平和技术能力。

第四章
关于经验——国内外绿色机关创建案例及成效

上一章介绍了绿色机关创建的指导思想和具体做法,从节约型机关创建到绿色机关创建已经有十多年的时间,在此期间,中央政府及国家机关、地方各级政府纷纷结合实际、创造性地开展节能探索、实践活动,形式多样,成效显著。发达国家政府部门在政府低碳节能方面有很多先进理念和行之有效的具体做法值得学习借鉴。因此,本章将介绍中央政府及国家机关、地方政府和国外政府在绿色机关创建方面的主要做法和具体案例,为读者提供实施参考。

第一节　中央政府及国家机关创建绿色机关的主要做法及案例

一、国务院办公厅节能管理案例

作为办理日常事务并管理文书、档案与印铸等工作事宜的机构，国务院办公厅认真贯彻落实党中央、国务院关于节能减排的战略部署，切实加强资源节约工作，重点推进节能改造，降低能源资源消耗水平，节能工作迈上了科学化、规范化、常态化的良性发展轨道。在创建绿色机关方面，国务院办公厅加大了科技投入，从而提高节能减排工作效率，具体有以下两方面措施。

1. 以开展宣教活动为牵引，提高落实节能减排措施的责任意识

一是开展形势和政策教育。紧密结合学习和贯彻落实科学发展观，宣传节能减排的重要意义，使干部职工能够站在维护中华民族长远利益的高度，来认识节约能源资源的重要性。

二是开展能源资源节约常识教育。利用机关餐厅电子屏、宣传栏等，宣传能源资源节约的基本知识。同时，在办公室的电灯、空调开关处、洗手间的水池旁和打印机、复印机边，粘贴提示性标签，提醒干部职工节约能源从我做起，从小事做起。

三是大力开展"节能宣传周"活动。开展以"从我做起,建节约型机关"为主题的节能宣传活动,通过横幅、板报、橱窗、宣传画和电子屏等媒介,深入进行思想动员;采取停开一天空调、停开半天电梯、鼓励乘坐公交车上下班等,开展能源资源短缺体验活动;组织开展公务车节油技能竞赛、节能有奖知识竞答、政府机构节约能源资源征文和"我为节能提建议"等活动。

2. 以加大科技投入为动力,提高节能减排工作的管理水平

一是在新建建筑中采用节能新技术。新建建筑严格执行《公共建筑节能设计标准》,采用节能型建筑结构、材料、器具和产品。

二是对设施设备进行技术改造。结合基建改造,先后对既有建筑能耗大的重点部位更换了塑钢窗和铝合金窗,降低热传系数;空调系统安装了温度控制阀,并控制开机率,年节电150万度;照明系统98%改装了节能灯具,部分场所还采用了红线感应开关,照明电耗所占比重远低于同类建筑;安装了358平方米的太阳能集热板,年产热水1.5万吨,占机关热水用量的一半;7000平方米草坪更换了耐旱的丹麦草,铺设了透水砖新建了雾化节水洗车房,更换了各类节水喷头1500余个,职工住宅区锅炉采用了全自动温控装置,燃煤节省20%至30%,极大地提高了节能效果。

三是将节能减排融入工作生活细节。在节电方面,严格遵守夏季空调温度设置不低于26摄氏度,冬季不高于20摄氏度的规定。要求人员下班后及时关闭复印机等用电设备,将计算机设置为不使用时自动进入休眠状态,减少待机能耗和大型电器的无功耗。在节油方面,组织人员传授节油技巧,减少了10台后勤用车,报废了28台环保不达

标、油耗高的汽车，目前国办机关公务车百公里平均耗油已降至11.4公升。在节水方面，积极采用喷灌、微灌、滴灌等节水灌溉方式，杜绝跑冒滴漏和长流水现象；卫生洁具采用节能产品。在办公用品方面，减少重复清印次数；结合电子政务建设，充分使用网络办文；提倡使用钢笔书写，减少圆珠笔或一次性签字笔的使用量；提倡双面用纸，注重信封、复印纸再利用；优先购买经国家认证的节约型设备或产品，杜绝采购国家明令禁止使用的高消耗、低效率设备和产品，大大降低了行政成本。

二、中央国家机关"文明用餐"初见成效

为贯彻落实习近平总书记关于"厉行勤俭节约，反对铺张浪费"的重要批示精神，中央国家机关开展了一系列"文明用餐、反对浪费"行动。各部门结合实际，采取措施，营造氛围，使节约意识深入人心，"文明餐桌""光盘行动"成为时尚，"文明用餐从我做起，反对浪费机关带头"蔚成风气。系列行动包括：利用条幅、宣传画、板报、电子屏幕、提示牌、局域网等对"文明用餐、反对浪费"行动进行广泛宣传；在机关办公楼大厅、电梯口、楼道走廊，特别是机关食堂内，"一粒米千滴汗，粒粒粮食汗珠换""节约粮食，光盘行动"等宣传画和宣传标语随处可见；通过报告会、签名仪式、印发文明用餐倡议书等，营造"文明用餐、反对浪费"的浓厚氛围；通过正反两方面典型宣传，加强教育引导。许多单位不仅对身边"节约典型"正面宣传，还对饭菜浪费行为拍成照片曝光，加大现场监督检查力度。例如，水利部成立了文明用餐检查小组，每天从机关司局抽调两名干部

对食堂就餐浪费情况进行现场监督，并做好记录；教育部安排服务员担任监督员，对不文明用餐行为及时提醒。许多单位在餐厅残食回收处安排"节约用餐监督员"，对浪费现象及时劝告和制止，同时了解剩饭剩菜原因，征求干部职工对饭菜和食堂管理的意见建议。

如今，在中央国家机关干部职工中，"要我节约"逐渐变为"我要节约"，文明用餐行动取得了实实在在的成效。各部门机关食堂把改进餐饮服务作为餐饮节约的切入点，组织机关食堂争创"中央国家机关健康食堂"，进一步提高餐饮服务水平，注重细节，做足内功。

一是灵活控制供应量。在餐食制作加工环节，根据用餐人数及消耗情况，合理确定食品供应量，采取勤做、少炒的办法制作饭菜，避免饭菜供应过量造成浪费。如国家税务总局食堂及时掌握机关干部职工出差、外出开会和培训等情况，适时调整食品供应总量。不少单位食堂下调包子、馒头等面点分量，主动做精做小，避免因个头大吃不了而为难的尴尬。

二是改进饭菜质量。为避免食品品质不佳造成浪费，各机关食堂加强技能培训，提高烹饪水平，创新制作工艺，努力提供可口满意的饭菜，促进实现"光盘"。同时，根据干部职工的健康状况，特别是"三高"比较突出的问题，实行餐饮健康干预，科学配餐、营养配餐，减少盐油糖的摄入。这样既改善了干部职工的健康状况，又降低了餐饮成本。

三是就餐现场引导。国土资源部在食堂入口处设立当日菜品和特色食品的标示牌，引导大家合理选择，避免盲目取餐。科技部、原国家旅游局、国务院机关事务管理局等部门机关食堂在取餐台上摆放"少取多次"温馨提示牌，提醒干部职工执行自助餐规则。很多单位对一些口味独特的菜品，在取餐台上摆放提示牌，如"回民适用""麻辣风味"等，避免干部职工取了忌口的菜品。教育部、国家资产管理委员会、国家行政学院等部门机关食堂还针对因用餐人员集中、排队等候时间长，很多干部职工习惯一次多取食品的现象，适当延长开餐时间，方便干部职工少取多次。

从源头上抓节约活动开展以来，各部门机关食堂积极采取措施，实行精细化管理，强化经济核算和成本控制，严把食品原材料采购、储存、加工等环节，对灶具进行节能改造，减少后厨浪费，从源头上抓节约。一是完善节约制度。许多单位建立了机关食堂节约指标管理制度，设定食材、水电燃气等消耗标准；一些单位制定了《机关食堂节约粮食规定》和《机关食堂节约粮食管理措施》，明确了监督手段和奖惩措施，调动食堂工作人员厉行节约的积极性和主动性。二是严把采购关。完善食堂杂品购买及出入库流程。原材料定量采购，坚持以家常食材为主，蔬菜、水果每天采购。三是严把存储关。各机关食堂实行食品原料库房专人管理，进出登记；实行食品和添加剂储藏分类分架，专室专用；建立食品入库安全质量检查检测制度。四是严把加工关。食品加工过程中尽量做到物尽其用，把过去废弃的食材边角料，通过精细加工，制成可口的小菜。五是注重能源资源节约。各机关食堂注重节能改造、餐厨垃圾处理。一些单位装备了先进的餐厨垃圾处理系统，通过有效回收、成分降解、残食资源化利用等，变废为宝，把餐厨垃圾对环境的污染降到最低。

三、中国国家博物馆节能案例

中国国家博物馆（以下简称"国博"）总建筑面积近20万平方米，藏品数量为139.7万多件，展厅数量48个，是世界上单体建筑面积最大的博物馆，是中华文物收藏量最丰富的博物馆之一，整体规模在世界博物馆中位居前列。自2011年3月新馆对外开放以来，国博的参观人数急剧上升，2012年游客接待量达到537万人次，2013年达到745万人次，2016年参观人数升至755万人次。由美国主题景点协会和国际专业技术与管理咨询服务供应商AECOM的经济部门合作撰写的2016年《主题公园指数和博物馆指数报告》显示，国博以755万的参观人数拔得头筹，成为全世界人气最旺、最受欢迎的博物馆。如此建筑规模庞大，参观人数众多的博物馆，每周只有一日闭馆，其余每日8小时对外开放，在能源消耗上一定是巨大的。据资料显示，2012年，国博在能源上的消费支出达4000万元；2016年，这一数字降至2800万元。新馆从改扩建设计和建造时，就开始注重节能技术的运用，再加上近年来国博的技术管理者们致力于把新的科技成果及技术手段投入到节能中去，从节能数据中，我们看到了很好的效果。那么国博到底采取了哪些节能措施呢？

1. 变频改造——让节电更美好

除了对公共区域的灯光设置"阴天模式""开幕式模式"等节电模式外，国博还在空调等大功率用电设施的节能上下功夫。国博共有170台380伏的空调机组，之前均按恒湿恒温设计，且均为定频送风机。为最大限度节电,从2013年开始,国博陆续对空调机组进行变频改造,增加变频就地、远程启动等功能,实现不同区域机组根据各自情况,在满足不同文物对不同温湿度、洁净度、空气新鲜程度等运行参数的基础上调节变频器频率,从而节约能源消耗,实现空调机组节能高效运行。

2013年至2016年,国博共对105台空调机组进行变频改造,总投资245.2万元,年平均节约电费323万元,投入当年就收回了成本。国博设备管理处楼宇自控科科长吕大伟说:"简单地说,通过变频改造,空调机组就不用老在同一种状态下工作,而是根据实地需求灵活高效运转,从而降低耗能。"同时,国博对热力站、制冷站分别进行自动化系统升级改造,使制热、制冷更加智能化,以最大限度地节能。在热力站完成自动化系统升级改造后,国博一年节约热力费近70万元,而投资仅为30万元。

2. 节水改造——开源节流双管齐下

国博在全馆所有卫生间水龙头安装节水限流器362个,通过减小流量,增加出水压力,在保证正常使用的同时节约水资源。也就是说,在相同时间内,节水限流器的出水量比加装前节约30%,从而大大减少了水的浪费。此外,为了充分利用雨水,国博建立了3个200—300立方米的雨水收集池,收集全馆楼顶雨水,用于卫生间冲厕和楼顶绿化灌溉。自2015年投入使用以来,3个雨水收集池共回收利用雨水近万吨。

3. 科学化管理——为降能耗立规矩

推进节能降耗，离不开精细化、科学化管理。国博先后制定了《节约资源能源管理制度》《设备管理实务规程》等规章制度，对如何节能立下"规矩"。国博副馆长李六三介绍说："要是发现有人下班后不关灯，这个部门就没有年度安全奖励了。我们在安全管理与节能上推行连带责任，效果很好。"除了对国博的工作人员"立规矩"，对参观者同样有着严格的"规矩"。国博不时向参观游客发放节能宣传册，以增强公众的资源意识、节约意识，形成馆内外共同推进节能降耗的合力。

四、中国民用航空局节能管理案例

提到节能减排在我国民用航空中的运用，大家不禁会想起2017年11月我国首次使用含有餐饮废油之称的国产1号生物航煤带动波音787-8飞机飞行，成功实现了中国民航首次使用生物航煤跨洋载客飞行，这无疑是我国在新型能源应用方面取得的重要进展。然而，除了这些有着显著减排数据及成效的案例外，中国民用航空局（以下简称"民航局"）机关也不断开展能源管理模式的探索，努力实现"绿色办公"在民航机关的运用。具体做法如下：

1. 开展空调系统与窗磁和红外联动的技能改造

局机关夏季办公楼的开窗通风现象比较普遍，比例约为17%，空调开启的同时开窗，会造成大量冷气的散失。针对这一情况，局机关采取增设窗磁和红外探头的方式，对室内是否开窗进行感知，并将信号传送到中控室，中控室自动关闭室内机，从而避免由于开窗带来室内冷气散失，提高空调使用的效能，降低耗电量。

2. 开展机房新风系统改造

为保证将机房室内温度控制在设备正常运行所限定的范围内，以前部分机房空调是全年每日24小时运行的。考虑到春、秋、冬三季的室外温度相对较低，可以通过加装新风系统的方式，在不开窗的情况下，将室外新风引入室内，承担一定冷负荷。

3. 开展照明灯具改造

针对局机关实际照明使用以及前期对照明系统的改造情况，拟采取将走廊照明灯具改造为5WLED照明灯的方式挖掘节能潜力，初步估算节电率可以达到总量85%以上。

4. 开展供暖系统节能改造

以室外温度为依据，控制供水温度和回水温度，通过监控系统自动跟踪负荷变化，可以更好地控制供热。

5. 改造安装太阳能热水系统

对食堂操作间的热水器进行改造，改造后的太阳能热水系统唯一耗电的就是辅助电加热，当太阳照射强度过低，收集能量达不到水温要求时，才开启辅助电加热，从而降低食堂热水耗电量。

6. 开展中水系统利用

应用中水水箱（如消防规范许可，可利用消防水箱），外购中水，在水箱中布置水位传感器和自动补水设施，利用中水洗车、绿化等，节约水资源。

7. 改造安装分项计量系统

根据配电系统的分析，对应用电系统和设备的各个支路，安装电表，建立起分项计量平台，更好地对用电情况进行观测，抓住耗电量大的重点环节，制定有针对性的节能措施。

8. 降低办公设备待机能耗

针对办公楼"人走待机"的普遍现象，使用节能插座，待机时间过长时可以自动关闭电源，有效节省办公用电设备的待机能耗，降低由于下班后忘记关闭用电设备造成的用电浪费。

9. 安装能耗优化平台

通过能耗数据的采集、存储、分析应用，对办公楼进行实时动态能耗检测。在此基础上，通过能耗统计、能源审计、用能规律分析、用能定额等制度，提高节能运行管理水平，为进一步节能改造奠定基础。

除此之外，作为行业结构性节能减排的一项重要工作，民航局在2014年开始就启动了"油改电"专项工作，并在北京、成都、昆明、长沙、哈尔滨等六家机场开展试点工作，投入近1亿元节能减排专项资金。目前，六家试点机场及其驻场公司已完成建设充电设施160多个，运行电动特种车辆412台。根据试点成果测算，如果全行业现有的1.6万余台地面特种车辆和设备基本实现电动化，每年可节约用油约13万吨，节省运行费用约7亿元。

第二节　地方政府创建绿色机关的主要做法及案例

一、北京节能环保中心节能管理案例

北京节能环保中心（以下简称"节能中心"）是由中国政府、法国政府和联合国开发计划署（UNDP）为促进地区能源节约和环境保护，于1982年在北京设立的具有独立法人资格的全额拨款正局级事业单位，由北京市发展和改革委员会归口管理，是北京市唯一从事节能环保综合性工作和承担政府委托职能的专业机构。节能中心承担节能规划、政策、法规及管理制度等研究工作；受政府有关部门委托，承担固定资产投资项目节能评估论证、重点用能单位用能报告审核、节能监测、电力需求侧管理等技术性、辅助性、事务性工作；开展环保产业发展促进、新能源发展促进相关工作；开展节能环保宣传培训、技术产品示范推广和对外交流合作。

让人们印象最为深刻的，也是北京市公共机关节能改造的示范项目，就是节能中心的办公楼。节能中心办公楼节能示范改造项目于2007年10月施工。整个改造遵循绿色环保、节能和可持续发展的设计理念，突出体现能源再生利用、超低能耗、信息化控制、健康环保和人性化的设计理念，整体实施了包括外墙外保温、节能门窗、暖通空调和新风系统、绿色照明及智能控制、太阳能综合利用、节水器具

应用、雨水收集系统、用能在线监测系统、绿色数据中心、节能信息发布系统共十个方面的节能示范改造，2008年7月全面竣工并投入使用。2010年初，节能中心对办公楼改造前后用能、耗能情况进行了同比情况下的分析研究。经测算，同比改造前办公楼正常使用总能耗下降17.42（吨标煤/年），平均节能率达到38.66%。同时，通过雨水收集系统和节水器具改造，全面提高用水效率，办公楼的年耗水量下降552吨，实现节水率为10.82%。

2011年6月14日，北京市副市长洪峰、美国能源部驻中国办公室执行主任马丁·施恩鲍尔共同为北京节能环保中心办公楼所获得的LEED绿色建筑金级认证揭牌。该项目是我国第一座也是目前唯一一座获得美国LEED绿色建筑金级认证的既有节能改造建筑。

二、辽宁省：倡导低碳 节能降耗

近年来，辽宁省认真贯彻国务院有关做好节能减排工作方针，大力提倡"勤俭节约、低碳办公"理念，教育引导干部职工自觉树立"崇尚节约、抵制浪费"的良好风尚，并采取多种行之有效的方法，狠抓节约工作的落实，努力建设绿色机关。本文以辽宁省本溪市各级政府为例，介绍绿色机关创建工作的具体措施和开展工作。

2017年是实施"十三五"规划的重要一年，辽宁省本溪市直各部门、各县区全面学习贯彻习近平总书记系列重要讲话精神，认真落实李克强总理和杨晶国务委员关于公共机构节约能源资源工作的重要批示和讲话精神，以推进绿色机关创建为主线，以能源资源节约增效为目标，努力实现全省公共机构人均能耗和单位建筑面积能耗比2015年下降4.7%，水耗下降6%的目标。主要开展的工作如下：

1. 加强政策法规制度体系建设

逐步完善政府机关节约能源资源配套政策和制度标准，结合各县区和各系统、各单位工作实际，进一步加强地方性法规、政府规章和制度标准建设。完成《节约型公共机构评价标准》颁布实施工作，完善《公共机构能源审计技术规范》。

2. 全面开展节约型公共机构示范单位创建

开展节约型公共机构示范单位创建工作，推进节约型公共机构示范单位定期复核和动态管理，严格创建标准，开展创建培训，创建多个国家级节约型公共机构示范单位和省级节约型公共机构示范单位。按照"同类可比、优中选优"的思路，在已通过验收的示范单位中分类型筛选出1家公共机构创建能效"领跑者"试点。

3. 扎实推进节水和资源回收利用工作

落实最严格水资源管理制度，推动公共机构节水型单位建设，完成10%市直机关节水型单位创建。采用合同节水管理模式实施节水改造，推动节水新技术、新产品的应用。开展餐厨垃圾资源化利用与无害化处理，推动具备条件的政府机关安装餐厨垃圾就地资源化处理设备，不具备条件的单位要将餐厨垃圾交由规范的渠道处理。

4. 积极组织实施绿色节能改造

开展建筑绿色节能改造、开展绿色食堂评价标准调研，推广应用节能节水、高效油烟净化餐饮设施设备。启动绿色数据中心机房和无负压供水系统节能改造。开展公共机构既有办公建筑供热计量以及热源、供热管网和温控装置改造。

5. 积极开展公共机构绿色行动

推广"互联网+"办公系统，使办公电子化、无纸化，减少纸质文件、资料印发数量。提倡采用电视电话会议形式，减少使用签字笔、纸杯、餐具、塑料袋等一次性办公用品，推广使用环保再生纸、再生鼓粉盒等资源再生产品，营造绿色办公环境。在有条件的单位的内部停车场内配件相应比例充电设备（或预留建设安装条件），并开展新能源汽车自助共享租赁服务和充电桩建设，为政府机关人员绿色出行提供条件。

6. 深入开展节能宣传培训

推进绿色文化建设，加强生态文明建设和节约能源资源宣传教育，广泛开展节能宣传周、全国低碳日、中国水周等主题宣传活动。深入开展日常宣传培训，教育干部职工树立生态文明理念、培育生态道德，增强干部职工节能减排、低碳环保的思想和行动自觉，引导干部职工关注生态环保、参与节能减排、践行绿色生活。广泛开展政府机关节能管理干部培训，组织参加政府机关节能远程培训和各地区节能管理人员面授培训，扩大政府机关节能影响力。

三、江苏省：绿色机关进生活

1. 围绕合同能源管理和电信企业进行的绿色创新

在江苏绿色机关创建中，南京市政府的绿色创新是十分重要的一部分，主要围绕着合同能源管理进行。具体是怎么做的呢？

改造旧设备主要的目的是使改造后的设备，或者新投入的设备能够替代原来的设备发挥其使用效能，必须有资金投入。这正是南京市政府难以改进设备、推进环保行动的主要原因，而资金存在缺口的窘境在电信企业与第三方公司的介入下出现了新的突破口。电信企业在新的战略定位和战略转型需求驱动下，为更好应对市场竞争和实现可持续发展，提出了构建"集约化"网络运营发展体系，实现资源的集约、高效配置，投资趋向4G建设和终端营销。在此情形下，南京市政府借助第三方节能服务公司的雄厚实力，建立合作关系。由节能服务公司投入资金，运用合同能源管理这种新型的合作方式，对原来的旧网络设备进行改造。这样，在2014年，南京市政府开始了合同能源管理的探索。

这种做法带来的效果是显著的，基于"合同能源管理模式"实施旧设备改造是以优化网络为工作出发点，以合同能源管理为工作主线，以节能降耗为最终目的。用能单位在不增加任何投资的情况下，采用合同能源管理方式改造了十万线程控交换设备。按分成比例计算，用能单位节约了电费，节能服务公司收回成本又获利，双方实现共赢。同时，随着固定电话网络演进步伐的加快、接入网的盛行、软交换网络技术的成熟、IP多媒体系统的逐渐兴起，电信网络已经进入了巨大的变革时期,老旧设备的改造成了历史的必然。网络改造后,提高了网络质量,延长了设备使用的寿命,降低了设备的维保费、维修费等运维成本。同时,提高了维护效益,释放了人力和物力资源。

2. 丰富多彩的绿色活动

绿色活动是绿色机关创建宣传教育的重要部分,围绕着这一目标,江苏各市积极开展丰富多彩的绿色活动,其中,扬州市政府的工作最为突出。

2012年,扬州市政府开展了"地球熄灯一小时"活动,组织了"能源紧缺体验""绿色机关、从我做起"主题征文、"节能金点子"征集等活动,发放"绿色机关"宣传画册及《机关节能常识手册》2000多册;市环保局、市教育局等部门共同组织了"六·五世界环境日""全民行动·绿满扬州"主题宣传活动。扬州日报、扬州晚报、扬州电视台、扬州网等新闻媒体多次对"绿色机关"创建工作进行了专题报道。各创建单位也高度重视宣传发动工作,在办公场所张贴争创国家生态市以及"绿色机关"创建工作宣传画、标语,开展专题讲座、征文比赛等活动,营造了浓郁的创建氛围,有效提高了机关干部的节能环保意识。

通过组织节能展示活动推进节能示范工程,也是围绕"绿色机关创建"开展的一项重要宣教活动。2012年,扬州市政府在创建部门和单位广泛推进节能产品展示、节能改造和节能示范工程。在市政府机关大院组织了公共机构节能产品展示,有10多家节能企业,60多种高新节能科技产品参展。在市级机关推广了2000只国家财政补贴高效照明节能产品,集中采购了500只"小管家"节能产品免费发放到机关有关部门使用，减少电器的待机能耗。

政府机关绿色出行的相关活动也相应开展。在扬州，它的名字叫作"党政机关绿色出行——1011行动"（"10"邀请您，"11"迈开双腿，"1011"寓意为邀您迈开双腿），这也是在全国率先举行的政府机关绿色出行活动。活动要求，扬州市党政机关的各级领导干部和公务人员"1011行动"启动仪式当天一律以绿色出行的方式进行公务活动，除特殊公务和重要活动外，一般公务车辆（含公务人员私家车）停开一天，公务人员上下班和执行公务乘公交车、骑自行车或步行出行；启动仪式后，3公里以内的公务活动均提倡绿色出行。

此外，还有许多有趣并吸引广大民众参与的活动也在江苏陆续开展。其中，苏州的"绿色存折"活动独具特色，吴江区机关党工委组织在2015年6月开展了吴江区级机关"绿色存折——垃圾分类回收"活动。"绿色存折"从居民家庭逐步向机关单位推广，机关单位的工作人员凭"绿色存折"也可以换取生活用品。工作人员走进社区，把预先准备好带来的各类可回收垃圾进行分类，现场称重，并按照相应的标准，将兑换的"金额"存进自己的"绿色存折"里，极大提高了群众的绿色意识。

四、深圳：将绿色引入机关评价

1. 绿色家园活动与绿色机关

作为改革开放的前沿阵地，深圳市在生态环境建设和保护方面走在了我国前列。早在2002年，为了在深圳市广泛深入开展"保护生态环境，坚持可持续发展"的宣传教育活动，增强全社会的环境保护意识，提高公众参与生态环境保护的自觉性和主动性，深圳市政府发布了《深圳市人民政府关于在全市开展建我绿色家园系列活动的通知》（深府〔2002〕89号），要求在展创建绿色学校（幼儿园）、环境文明小区（绿色社区）的基础上，深入开展包括绿色机关、绿色企业、绿色商场、绿色酒店、绿色医院、绿色公交（线路）、绿色村镇、绿色家庭等十部分内容的绿色家园系列创建活动。这是一个由政府倡导、社会各界共同参与的群众性保护环境活动。

目标是要充分调动全社会的力量，综合运用宣传、教育、法律、行政和舆论等手段，建立并逐步完善动员、引导、支持公众参与环境保护的有效机制，鼓励全社会对环保的关心和参与，倡导符合绿色文明的生活方式、消费习惯和环境价值观念，树立保护环境从我做起、从身边事做起的社会道德风尚。

2. 绿色机关的实践与响应

政府的"绿色机关创建"能够起到带头作用，调动起全社会参与节能减排的积极性，因此成了"建我绿色家园"活动的重点。为了绿色机关创建的实现，深圳市政府建立了详细的绿色机关考评细则，覆盖了组织管理、节约资源、污染预防、工作环境等方面。而在深圳市各区县的绿色机关创建中，福田区政府一马当先，表现极为出色。

他们首先推行"绿色办公"，探索政府机关节能减排。2006年，福田区委、区政府制定了《福田区机关绿色办公暂行规定》，对办公做出硬性的"绿色"约束。在节纸方面，区委、区政府办公室印发了《关于调整公文排版规格的通知》，将全区公文印制用的字体由三号字调整为四号字，要求双面打印，并逐步推行网络无纸化办公，节约纸张;与此同时,区政府设立定期回收制度,做好办公废纸的回收工作。

在节能方面,福田区政府以适度为原则。机关事务管理局首先对灯管"裁员瘦身"。在保证亮度足够的前提下,将机关大楼由3支灯管组成的每一组照明点裁减1支灯管,并将功率为36W的灯管调减为功率为28W的灯管。据初步统计,通过灯管"裁员瘦身",照明用电量比以前节省了近1/3。其次是对空调的"限用",统一规定机关大楼的空调温度不得低于26℃,下班前半个小时关闭电闸,同时引进交频节能技术,使空调耗电量减少10%以上。在节水方面,区政府采取降低水管水压和减少水龙头出水供应量的方法来节约用水;对供水设备进行分期分阶段的改造,绿化浇灌全部取消自动喷淋,并将水管直冲式改为节能花洒式;安装节水型自动感应水龙头、红外遥感冲厕箱;改进饭堂的用水设备,如洗菜池由大池改为小池,将人工流水淘米改为机器化淘米等。采取上述措施后,节水效果明显,总体节水率达到15%。

其次,福田区政府推进了"绿色行政",要求各职能部门结合各自的职责,将节能减排工作贯彻到日常行政工作中去,在制定政策、编制规划、行政执法、招商引资、审批项目等行政行为中优先考虑环境保护的内容,采取切实可行的、能够引导和规范本系统和本行业的节能、减排、降耗的管理措施与技术措施。区发展和改革局牵头制定的《全面推进循环经济发展工作方案》、区贸易工业局牵头制定的《关于创建"绿色旅游饭店"鼓励实施节能环保改造的若干措施》、区环境保护局牵头制定的《推广清洁生产试点方案》等均由区委、区政府办公室印发实施。区建设局积极开展节能建设工作,在建设项目中安装太阳能光热系统、节水系统等。各职能部门发挥各自优势,共同推动了全区的节能减排工作。

最后,区政府推动了"绿色采购"作为构建节能减排的新途径。在编制政府采购目录、采购限额标准及政府采购预算时,全面落实绿色产品采购政策,促进绿色产品采购的标准化、规范化,优先购买国家认可的、环境标志产品认证机构认证的产品。区政府机关和街道办事处购买的办公设备、办公用品、办公用车在采购时优先考虑符合国家标准的绿色产品,同时兼顾资源的再利用。政府工程优先采购应用先进的环保节能工艺和产品,使用环保建筑材料,保证从源头上做到环保节约。

3. 深圳的绿色智慧:EMC模式

提到深圳的绿色智慧,就需要从ESCO(Energy Service Company,节能服务公司)和合同能源管理(Energy Management Contracting)讲起了。

ESCO是一种基于合同能源管理机制运作、以赢利为目的的专业化公司。它与愿意进行节能改造的客户签订节能服务合同,向客户提供能源审计、可行性研究、项目设计、项目融资、设备和材料采购、工程施工、人员培训、节能量监测、改造系统的运行、维护和管理等服务,并通过与客户分享项目实施后产生的节能效益,以承诺节能项目的节能效益或承包整体能源费用的方式,为客户提供节能服务,并获得利润,继续发展。

过去,政府机构中的资源利用往往是通过将政府资金分包合同授予一个或多个公司设计、安装和调试设备。现场人员负责安装设备及整个使用寿命期间的操作和维护。然而,有了ESCO以后就大不一样了。在与ESCO合作的政府机构中,资金来源继续由拨款提供,政府使用能源合同来提高建筑物的能源效率。ESCO为政府部门提供EMC,通过节省能源消耗的成本来偿还节能措施的安装成本,以此达到节约能源、降低政府资本支出的目标。关键问题在于能源改善的成本由承包商承担,并且其能从节能中获利。

EMC的核心在于它保证了成本和节能水平,并通过测量与验证环节定期向建筑管理人员提交运行进展顺利的证明。合同还可能要求ESCO对其安装的设备进行操作和维护。经过几年运行,ESCO显示了它的盈利可能性和强大的生命力并迅速发展,这种起源于西方国家的节能模式逐渐被国内的政府机关所接受。深圳市政府就是国内最早期的探索者之一,并且为了这种模式在中国能够顺利本土化运行,付出了极大努力。

在国内环境下,政策方面的推进是第一位的。深圳市机关事务管理局坚持问题导向和开拓创新,在职能、规划、任务和操作层面建章立制,会同相关职能部门先后出台了《深圳市公共机构节能管理办法》《深圳市公共机构合同能源管理综合节能改造采购招标模板》《深圳市公共机构合同能源管理项目资金支付流程》等20多部政策法规,逐步建立起EMC"深圳模式"。为了有效推行EMC模式,深圳市政府完成了四大突破。

首先,突破项目申报难的障碍。深圳市机关事务管理局通过举办培训班、开设网络教学课程等方法,积极向用能单位宣传合同能源管理知识,让用能单位熟悉全部流程。

其次,突破传统工程立项审批程序。深圳市发展改革委员会变审批为服务,创新合同能源管理项目审批备案机制。财政部门简化采购计划下达程序,由过去的对口管理用能单位资金的处室分头下达采购计划,归口为一个处室集中批量下达。优化审批流程后,缩短审批时间,使多个项目、多批次集中招标成为可能。

再次,突破了固有招评标模式。深圳市机关事务管理局指导各级公共机构主推综合性节能改造,采用对用能单位进行整体改造的方法招标,最终由节能专家评选出最优节能改造方案;市政府采购中心会同市机关事务管理局首创了《公共机构合同能源管理采购模板》,设定了年综合节能率、节能效益分享年限、资金效率、节能效益分享比例等四个核心指标来评价节能效果。

最后,突破了财政支付瓶颈。深圳市财政委员会创新做法,一方面由财政部门按项目业主单位改造前原有的预算标准或能耗定额全额拨付给项目业主单位,解决"无钱可付"的问题。另一方面由项目业主单位负责向财政部门申报节能效益,并向节能服务企业支付资金,大大激发了各单位实行节能改造的积极性。

在改革开放的前沿阵地——深圳市,EMC突破性地推进了机关、学校、场馆等各类公共机构建设太阳能集中热水供应系统,并鼓励大中型公共机构建设分布式太阳能光伏发电项目,逐步提高可再生能源在公共机构能源消费总量中的比例,探索开展分布式能源站试点和建设。

深圳市疾病预防控制中心项目成了深圳市机关事务管理局实施《深圳市公共机构合同能源管理实施办法》的第一个公开招标项目,是深圳推广批量合同能源管理项目工作方式的第一个试点,也是2015年国家第二批节能型公共机构示范单位项目。该项目消耗的主要能源为电能及天然气，通过建立可视化能源管理系统、能源移动管理体系以及实验室排风控制系统改造等多种节能技术的全方位改造后，每年节电约262万度，年节电率达30%，折标煤322吨、减少二氧化碳减排量800吨，单位面积能耗降至130kWh/平方米。项目采用"节能效益分享型"合同能源管理模式，合作期为8年，中标公司在前5年分享节能效益的90%，后3年分享节能效益的80%，真正实现了用户"零投入、零风险、效益共享"的双赢目标。在2015年中美能效论坛上，该项目成为唯一一个公共机构入选中美合同能源管理示范项目，并通过国际能效检测与认证（International Performance Measurement and Verification Protocol）。这种模式在国外应用得更加成熟，在本章第三节会详细介绍。

五、四川省：政风带民风的绿色探索

为全面贯彻党的十八大以来的中央绿色发展新理念和新部署，四川省在2016年通过了《中共四川省委关于推进绿色发展建设美丽四川的决定》，各大公共机构以《关于印发四川省公共机构节约能源资源"十三五"规划的通知》为标志带头开展绿色探索，尽管机关能耗仅占社会能耗的4%，并非四川省能耗的主要来源，但是机关单位的绿色行为可以成为公众健康生活方式的标杆及效仿的对象，起到政风带民风的作用。

1. 机关中的绿色出行：公务自行车的推广、新能源电车的配备

绿色出行的概念很早就由世界各地的环保人士提出并推广，形式

多样,主要目的是为了降低社会运行成本与污染排放,提高交通运行效率。在四川,绿色出行的范围不断扩大,已成为绿色机关的一项主要举措而进行推广。

"135"这一听起来像是手机号码前三位的数字就是四川省机关绿色出行的口号,它有着独特的意义:"1公里内步行,3公里内骑自行车,5公里左右乘坐公共交通工具"。这样的口号是如何实现的呢?

答案是公务自行车。近年来,成都的大街小巷中经常可以看到前篮写着"绿色出行、低碳办公",车尾挂着"公务自行车"标牌的自行车,它们在道路上飞驰,吸引着普通民众和外地游客好奇的目光。这正是四川省机关单位创建"绿色机关"交出的答卷之一,同时也是"135"口号的实现基础。2015年公车改革后,四川省政府机关的一般公务车被取消,尽管公车改革确实取消了一定特权和减少腐败,但是也影响到了部分一般公务员的正常工作,部分单位职工工作的积极性和效率都受到了打击。为了保障正常工作,省机关事务管理局率先推出了局内公务自行车制度,采购了20辆自行车供员工使用。员工只要在局机关填好使用登记表,就可以借到公务自行车进行公务办事,十分方便。自行车与公务车相比,具有不受堵车影响的优势,因此实际上有时甚至节约了一些时间。这样的绿色出行每天能节约各类费用600~700元。

公务自行车虽然方便,但毕竟"135"之外,还存在很多工作出行。对于目的地偏远,使用公交车既不方便又耗时长,对此,四川省政府的"破解之道"是新能源电车。四川省早在2015年就提出了《新能源汽车产业发展规划2015—2020》,经过两年多的充分准备,四川省机关事务管理局于2017年提出《关于公共机构节约能源资源工作安排的通知》后，政府机关迅速响应，大胆运用市场机制，引进社会资本，开展了新能源汽车自助分时租赁服务试点工作，带头推广应用新能源汽车。新技术配备新方法，新能源汽车利用互联网、物联网、智能网等载体，采用"互联网+充电桩""互联网+电动汽车"融合信息技术，建立新能源汽车自助分时租赁服务智能管理平台，汽车租赁企业投资建设充电配套设施、配置租赁运营汽车、提供车辆服务保障，机关单位提供停车位和充电桩用电容量。四川省公务员可以通过手机互联网实现订车、取车、用车、还车和支付、结算全程自助服务，此外，充电提示、充电预约、充电导航、运行监控，以及车辆故障预报警等服务也可以在网络上实时获得。

从2016年起，国家机关事务管理局、工业与信息化部、科技部等14个部门及所属单位先后建设了170套新能源汽车充电设施，配置了30辆纯电动租赁汽车，为干部职工提供自助分时租赁服务。2017年10月，新能源汽车已在10个直属部门进行试点。租用新能源汽车累计行驶10万多公里，按照同类车型能耗核算，累计节油1万多升，减少碳排放23吨，取得了较好的经济效益和社会效益。

新能源汽车的使用在节能减排的同时，也暗合了绿色办公的要求，全程无纸化，达到了工作简化和绿色环保的双重作用。

2. 耗能技改：节水节电

四川省机关单位内部也在持续推广着节能设备。室外，空调冷凝水收集器与雨水储水器等持续工作，根据收集到的水的清洁程度，分别用于日常保洁和植物灌溉，将废水变成了资源，利用得恰到好处；室内，空调系统排风的全热回收器与夏季利用冷凝热的卫生热水供应系统，使机关单位在工作生活没有受到影响的前提下，实现了能源的最大限度利用。此外，还有LED照明措施、植被滴灌水管……数不胜数，这都得益于四川省出台的多条公共机构节能条例实施方法，特别是其中的《公共机构节约能源资源管理规范》。在这样的政策推动下，来自工业领域的一系列概念被引入公共机构节能工作领域。根据统计分析，公共机构的节能空间在20%左右。

四川省还建立了公共机构节能网站，增加技术经验交流页面，现已有大量技术方案在上面展示，涵盖从个人的生活节能小妙招，到单位的机房热冷通道系统、声波节能技术在烧煤锅炉上的应用等先进技术。四川省各机关单位的节能成果也在网站上进行展示，方便不同单位互相学习，学以致用。节能带来的效益是显著的，在四川，第一批节约型公共机构示范单位涉及人数21.8万余人，节约各类资源费用1160余万元。

3. 机关节能宣传活动的开展

为了实现"绿色机关创建"的目标，四川省各机关单位开展了形式多样的各类低碳日、低碳周活动，进行宣传环保工作进展与目标，提高民众的参与度。

（1）低碳日活动

"今日低碳，请您配合！节能讲座，请您倾听！环保健步，请您参与！"达州市政府于2016年6月14日开展了丰富多彩的低碳活动，在这一天，市政中心将停开电梯及空调一天，并且关闭公共区域的照明系统，并以丰富多彩的形式呼吁干部职工使用公共交通工具进行通勤，为市民做出节能表率。达州市机关举办能源资源形势和国情教育，普及节能、低碳、节水、节油、节粮和资源循环利用知识。市文化体育局、直属机关工作委员会、机关事务管理局联合举办"环莲花湖健步走"低碳日体验活动，近1000名干部职工报名参与。

（2）低碳周活动

2016年6月12日—18日，四川省雅安市、乐山市、青川县举办环保宣传周活动，活动形式十分多样。

雅安市各级政府机关在这周挂起横幅，以"节能领跑，绿色发展"为主题，结合实际，提出了"美丽雅安，绿色出行""绿色办公好习惯，低碳生活为健康""今天节能低碳是为了明天阳光明媚"等宣传口号为主，要求广大干部职工以实际行动参加到能源资源节约的行动中来。雅安市各级公共机构干部职工积极通过网络互动的方式参与全省"长虹杯绿色四川"节能知识有奖答题活动，并通过各类微信、QQ群互晒参与宣传周活动的照片，交流绿色出行、低碳办公、节电节油等工作生活中的节能知识和趣事。

乐山市紧紧围绕"节能领跑，绿色发展"主题，深入开展公共机构节能宣传周活动，印发了《关于开展2016公共机构节能宣传周活动安排的通知》，制定宣传周每日活动安排，组织相关部门、节能产品厂家走上街头，开展节能讲解、节能产品使用等宣传活动。乐山市政府利用新闻媒体开展节约型机关宣传活动，大力宣传"十二五"期间公共机构节能工作成效和节约型公共示范单位创建活动经验。同时利用移动、电信短信平台，每天向干部职工发送"节能公益短信""温馨提示"等，号召大家带头节能减排，共建绿色美好家园。此外，乐山市政府开展能源紧缺体验活动，增强广大干部职工节能责任感，组织参与全省节能知识有奖答题活动，提高节能知识水平。

青川县围绕"节能领跑,绿色发展"主题,在节能宣传周期间通过青川微博、青川县网管中心短信平台等公众平台每天向全县党政机关工作人员和广大群众发送节能公益短信,号召全县人民以实际行动支持、参与节能。同时,组织了节能宣传进校园、低碳日活动、回收废旧电子产品、光盘行动等一系列宣传活动。

六、银川:绿色行政进基层

"十二五"期间,银川市行政中心认真落实节能减排要求,积极推进绿色机关创建。银川市机关事务管理局作为市行政中心的节约能源资源管理部门,坚持将推动节能技术改造与监督管理相结合,取得了显著成效。

1. 绿色管理

在行政方面,银川市政府加强节能管理,落实机构人员,市机关事务管理局设立了物业管理处,主要负责对物业公司日常的水、电、汽油等能耗设备的使用、巡检和维保等情况进行组织实施,配备了水电气管理员,并先后制定了《行政中心物业服务考核办法》,直燃机房的管理、操作等制度规程,在配电室、水泵房、电梯、发电机组等重点耗能设备岗位设置管理规章制度。同时,建立了明确的定期检查制度,每月组织开展2次巡查活动,巡查设施设备的运行情况,暗访中心各单位干部日常耗能行为养成,并对相关情况进行通报。在特殊节日中加强检查,利用"春节""十一"等节前安全卫生大检查,对用能情况进行督查,并对督查过程中发现的问题进行及时反馈和整收。此外，市机关事务管理局还设立了监察室，主要负责对机关各类设施设备的跑冒滴漏情况进行检查通报。

对普通工作人员，银川市政府倡导厉行节约严格执行物品采购规定和审批程序，制定了办公耗材采购规定，明确设施设备和办公用品必须优先选定国家规定的节能产品。转变文风会风，提倡节约办公，全面使用电子公文处理系统，实现网上发文和电子报送，减少纸张浪费。会务服务精简一次性保障材质，指定所有纸质文件材料送达回收站利用。推行垃圾分类，垃圾分类管理及回收利用制度，在公共区域设置分类回收装置，对垃圾进行废纸、废旧电子产品、有毒有害垃圾、医务垃圾设置分类回收。餐厨垃圾交由银川市规范的企业进行回收处理利用。

2. 节能改造

节能改造是银川市绿色机关创建的重要部分，最直接促使银川市政府取得优异的节能成绩。这是由以下若干不起眼的改进措施带来的综合效益。

（1）照明：银川市行政中心（以下简称"中心"）照明区域包括办公大厅、会议室、走廊、楼梯间、卫生间、地下车库，以及广场及周边亮化照明。原照明光源有T5荧光灯、T8荧光灯、普通吸顶灯以及少量白炽灯，存在功率大、光效低等问题，且照明控制方式均为手动控制，经常出现"长明灯"等现象，造成能源浪费。2013年中心将原照明光源全部更换为LED灯，实现LED高效光源使用率100%，且光源数量由原来的13841支减少为9879支。公共区域采取人体红外感应等照明智能控制措施，实现人来灯开，人走灯灭。

（2）燃气灶具：机关餐厅原使用传统鼓风猛火灶9台，共有灶头18个，采用大气直燃式燃烧器，存在炉内燃烧器及管路老化堵塞等问题，导致燃烧不充分，不仅造成燃料浪费，而且造成高噪音、高污染。2014年，行政中心针对餐厅灶具安装了18台3合1低碳节能器，实现了杜绝空烧、集热回收利用、预混充分燃烧等功能，大大降低天然气消耗量。

（3）空调机组：中心原使用3台燃气直燃型溴化锂吸收式冷（温）水机组进行制冷和供暖（2用1备），购置于2006年。机组使用时间较长，存在出力不足、故障率高、能耗大等问题。2015年，中心利用2台一体化直燃型溴化锂冷（温）水机组对原有机组进行替换。改造后，机组制冷性能系数达到1.2，制热性能系数达到0.9。

（4）节能开水器：中心原来使用的开水器为浮球式老旧开水器，存在反复加热现象，产生"阴阳水"，达不到饮水标准要求，不利于人体健康，且能耗较高。2013年，中心将开水器全部更换为步进式节能开水器，通过逐层加热技术，一次沸腾，达到饮用水标准，无需反复加热、保温，降低了电能消耗。

（5）节能插座：中心办公设备较多，电脑打印机、传真机等办公设备待机能耗相对较高。中心将插座全部更换为电脑节能插座，共计更换了744个电脑节能插座，通过检测主机能耗彻底切断电源，降低办公设备能耗。

这些节能改造都是做在细微之处，最高投资达800万元，投资最高回收期在8年以内，节能的经济效益也成为节能活动持续的推动力。

3. 宣教工作

为充分发挥宣传舆论的引导作用，中心把节能宣传教育作为提高机关干部职工节能意识的主要任务来抓。

首先，中心通过发放宣传资料、举办讲座等形式，组织中心各单位认真学习有关节能的方针政策和节能常识，大力宣传节能减排工作的意义，引导干部职工正确认识国情，增强节能意识，增强能源节约的紧迫感和责任感，做到人人崇尚俭朴节约，形成浪费可耻、节约光荣的良好风尚。

其次，中心利用"节能宣传周""五比五争创"为主要内容的"创先争优"等系列活动，广泛深入地开展形式多样、内容丰富的宣传教育，着力营造节能宣传氛围。"十二五"期间，中心先后投放节能宣传展板70余块，向干部职工和社会发放《节能知识宣传手册》3000余册，宣传画5000余张，节能环保购物袋1000多个。同时，利用中心广播系统、电子屏幕和信息网络平台定期向机关干部发送节能公益短信和宣传口号。每年至少举办一次节能知识专题讲座和知识有奖问卷活动；开展一次停开门厅、餐厅、过道、卫生间等公共场所照明和中央空调活动；组织开展一次"全民健身、干部带头"绿色出行活动；开展一次以"资源有限，循环无限"为主题的废旧商品回收利用宣传活动。通过大力宣传，机关干部节能的自觉性大大提高，形成了人人节能的浓厚氛围。

最后，中心积极选派业务骨干参加国家和自治区举办的公共机构节能工作专项培训学习活动。定期组织中心各单位能耗统计员开展统计、宣传教育、行为养成等教育活动。同时，每年邀请专业节能服务公司或者节能行业专家开展一次"专家学者进机关"活动。

中心落实节能措施带来的效益是显著的。以2011年能耗为基准,2016年人均能耗下降了41.5%,单位建筑面积能耗下降了30%,人均用水量下降了34%。通过实施节能改造,实现年节约能源507吨标准煤,节约资金为174.01万元,成功地在银川市公共机构节能中发挥了"火车头"作用。

第三节　国外创建绿色机关的主要做法及经验

一、加拿大创建绿色机关的主要做法及经验

1. 加拿大的节能理念萌芽

加拿大位于北美洲最北端，英联邦国家之一，素有"枫叶之国"的美誉，可以称得上地广人稀、资源丰富。林木资源居世界第三，可持续淡水占世界的7%，原油储量仅次于沙特，已探明的油砂原油储量占世界的81%。

尽管拥有这样丰富的资源储备，加拿大却是早在20世纪就开始研究节能机制的国家之一，这是为什么呢？

答案就是20世纪70年代的石油危机。石油危机中的油价上涨和封锁引起西方经济混乱，最终导致了战争。石油危机引发了世界上最大的资本主义经济危机。石油危机后，过高的油价一方面引起了石油需求量的下降，同时价格的上涨又促进了能源节约和新能源的开发。另一方面，包括加拿大在内的西方国家对内做出一系列调整。其中最大的改变，就是颁布新的能源政策，鼓励任何能够提升能效的技术开发、推广及应用。

在这一波浪潮下，很多加拿大的能源专家对能源用户的能源利用效率进行了分析。分析结果一致认为，全社会的节能潜力很大，节能

对保障能源供应、经济持续发展、保护环境具有十分重要的意义。但是，即使在市场经济条件下仍然有诸多的节能市场障碍。当时有眼光的企业家注意到了这一点，认为建立一种专业化的节能服务公司可以克服这些节能的市场障碍，这些公司将具有广阔的业务市场。加拿大联邦政府和地方政府对此十分重视。在联邦政府的支持下，魁北克省政府与电力公司合作成立了第一个节能服务公司（Energy Service Company）。

在加拿大，节能服务公司的主要业务市场为政府大楼、商业建筑、学校、医院的节能改造，工业企业的节能技术改造，居民用能设备的升级。据加拿大节能服务公司协会保守的估计，加拿大的节能服务市场潜力约200亿加元。1990~1994年，该协会所属公司的营业额每年递增60%。目前该协会已完成10亿加元工作量，主要是由协会50多个成员单位完成的。1994年完成工作量约2亿加元，平均每个项目150万加元。上一节介绍的南京、深圳等地区的EMC创新的理念源头就来自这里。

2. 节能服务公司的工作流程

节能服务公司的工作分为两步。首先，节能服务公司进行全面的能源审计，确定可以降低客户设施运营成本的改进措施。在咨询客户后，节能服务公司要完成满足客户需求的设计。接着，利用节能服务公司或客户提供的融资服务，节能服务公司进行设计施工，安装这些改进措施，并保证在合同期限内节约成本。最终，节能服务公司从项目中获得报酬。

此外，EMC还为政府机构提供了一种手段，即通过在设施中实施能源改进措施,降低运营成本、能源和水的消耗和成本,以及温室气体排放量,同时不需要任何前期资本投资,降低政府风险。它是这样实现的:在合同之前,建筑物所有者支付一定数额的水电和维修费用。节能服务公司设计和安装一个项目,通过降低维护费用来节约成本。在合同期间,大部分节余支付给节能服务公司,用于运营和维护设备,而运营成本与应用EMC之前相同或更低。

3. 节能服务公司与政府如何合作

对于与节能服务公司的合作,政府使用了多种承包类型,主要区别在于政府和节能服务公司之间的绩效和融资风险如何分配。国际能源署需求侧管理(DSM)总结报告列出了四种基本类型的合同:

(1)节能服务公司提供融资合同,这意味着节能服务公司既承担财务风险,又承担履约风险;

(2)节能服务公司承担履约风险,客户负责融资;

(3)签订EMC后,节能服务公司将所有能源成本节约用于支付贷款利息和资金支出,直至全额还款;

(4)节能服务公司提供有偿的能源管理服务。

EMC和政府直接拨款完成节能改造的目的均为升级建筑物中的设备以减少能源和资源的使用,降低污染物排放和运营成本,改善工作环境。使用EMC的一个主要原因是政府机关没有足够的财政拨款用于改进设施。如果通过拨款,政府通常会建立一个分配可用资金的流程,建立选择标准,并要求设施管理人提交申请。这个过程增加了管理人等待资金的时间,其时间长短决定于可用资金的数量,设施可能需要多次申请,才能最终收到资金。而此时,效率低下的设备继续运转,消耗更多的能量。如果通过EMC,在强大的EMC市场存在的情况下,节能服务公司可以在更短的时间内启动具备一定规模的项目。

此外,即使有财政拨款,政府机关通常也缺乏全面的专业节能知识,而节能服务公司则可以利用专业知识和经验来设计一个全面的项目,捕捉所有可实现的节能环节;对于实施部分,政府也可能缺乏实施操作和维护新设备的人员,而节能服务公司可以根据合同要求提供此类服务。

节能服务公司的此类服务一般是以固定价格或以每年固定百分比的方式提供,这有利于规划和预算。同时,测量和验证环节可视为连续调试的一种形式,确保设备在整个使用寿命期间继续高效运行。当然,由于EMC是用私人资本融资的,因此在使用财政拨款时会产生利息费用。然而,事实已经证明,EMC项目的生命周期成本通常比财政拨款资助的项目要低。因为EMC不需要预先资本,对经营预算没有影响,是全生命周期中具有成本效益的。

4. 节能服务公司服务的实施

尽管各国政府对EMC的投入方式存在一些差异,但大多数项目通过五个阶段进行。

首先,政府进行项目规划,对节能潜力进行探索,并确定一个可行的项目。加拿大政府拥有特定的能源审计模板,包括可用于数据收集的样本表格、工作表和图表,并对存在许多建筑物的项目或类似的政府建筑物进行"代表性"能源审计。加拿大政府有时会对投标人的部分或全部费用进行补偿。项目规划的关键在于客户和节能服务公司必须对合同实施的进展意见统一,否则节能服务公司和客户之间可能会产生误解。

如果项目存在节能潜力,政府接下来将选择一家节能服务公司。选择的标准通常是基于报价或其他节能服务公司标准,选定后将针对节能服务公司进行审计,这通常包括对拟议的节能措施的描述以及能源和成本的估算,在加拿大,政府使用多种成本标准的加权平均值来评估EMC对客户的价值。

如果初步评估可接受,那么政府机构就会向节能服务公司发送一封确认信函。在加拿大,政府会要求能源服务公司进行投资级审计,并提交一份报告,说明该项目合同的可行性。项目小组审查报告并将其意见提交给节能服务公司并进一步谈判,由节能服务公司制定最终的建议。

接下来节能服务公司需要对已确定的项目进行施工、调试和验收,而后开始使用。在使用期间,节能的测量验证环节是必需的。节能服务公司每年至少制作一份测量验证报告,详细说明评估由已安装设备节省的成本。

各国政府通过以上部分或全部的阶段与节能服务公司建立合作,同时为建立合作的机构和市镇提供援助。在加拿大,已经存在具有技术和经验的项目协调员,对评审和评估提案给予帮助。

5. 节能服务公司计划的意义、规范

节能服务公司计划的实施最初是由能源节约观念所推动的,但其推广是由节能服务公司所带来的利益所推动的,主要包括以下六点:

(1)政府在节能工作上起示范作用(有利于政府推动节能工作);

(2)可节省财政开支20%~30%(节省下来的资金留给政府机构);

（3）解决节能投资的资金来源问题（由节能服务公司帮助项目融资，不需要增加政府的财政预算）；

（4）提高政府机构的工作效率（室内工作条件得到改善）；

（5）增加社会就业机会（节能服务公司形成新兴产业）；

（6）推动全社会节能，减少环境污染，减少温室气体的排放。

同时，加拿大联邦政府对政府机构与节能服务公司的合作方式提出了规范，主要包括以下五点：

（1）每个合同不超过2500万加元，合同期不超过8年；

（2）必须以节能效益回收投资；

（3）如果涉及楼宇改造升级，能源费用不能超过原水平；

（4）政府机构只能与通过资格审查的ESCO进行合作；

（5）项目采购必须通过公开招标。

6. 节能服务公司应用小贴士

节能服务公司的推广是需要政府部门做出努力的，这一点在深圳的EMC案例中也有提及。总之，政府机构成功使用EMC的基本要求是要有支持政策和法律框架，政府机构需要合法授权，延长资金预算周期，并使用经授权的资金来支付设备（例如，冷风机、锅炉、照明系统）的费用。在可以使用EMC之前，州、省甚至市级都需要采取其他措施。例如，加拿大财政委员会秘书处的合同政策授权联邦政府部门在90年代初使用私人部门的资金为其设施的能源改进提供资金。

EMC通常被描述为客户与节能服务公司之间的合作关系，但在某些情况下，合作关系是不平等的。EMC涉及广泛的技术、财务、法律和能源等相关问题。节能服务公司是大型企业，在EMC实施过程的各个方面都有经验丰富的人员。另外,政府客户可能是一个很小的组织,比如一个很少或没有技术人员的学区。像军事基地这样的地点可能有技术人员,但是他们对于EMC的经验不多。出于这样的原因,客户需要技术和合同签订方面的帮助。在加拿大,这种帮助由联邦调查局提供,包括以下服务:

(1)提供机会评估和便利服务;

(2)提供关于环境评估、项目规划、招标,合同授予、员工培训和项目监测方面的咨询;

(3)协助定制示范合同文件;

(4)提供对联邦改造项目进行投标的合格节能服务公司的在线名单;

(5)与能源服务公司和联邦机构就不断变化的政策和运营问题进行磋商;

(6)通过可靠的行业联系定制培训和研讨会。加拿大依靠非政府组织(NGOs)和协会提供合同代理的帮助和指导。

成功实施EMC项目的政府为EMC合同的签署提供协助,主要的两种协助方式包括:(1)通过预先制定合同标准并与合格的能源公司签署合同减少谈判时间;(2)开发适合特定项目需求的合同模型,目前,两种方法均已存在成功的应用。

政府通过各种方式利用竞争来提高EMC的价值。例如,在通过加拿大联邦调查局实施的EMC中进行机会评估,该评估提供了能源使用设备清单、能源记录和能源消耗模式的基本分析以及一系列提高效率的建议措施。这是在节能服务公司合格名单上向企业提出建议的基础。有兴趣的能源服务公司提交投标,随后由项目组进行评估。虽然价格不是选择中标的唯一因素，但竞争为节能服务公司降价提供了强有力的诱因，使其出价尽可能具有吸引力。

成功的EMC项目包括要求节能服务公司每年（或更频繁）的报告来确定节能的实现，任何不足都可从付款中扣除。由于EMC的持续时间较长，因此政府机构的人事变动可能会使合同方面的知识出现空白，同时，安装的特定设备、用于衡量节能的技术以及现场对年度储蓄报告审查方面都需要长期的合作沟通。因此，政府应考虑与EMC站点的管理人员定期联系，确保负责管理EMC的人员长期而稳定的在岗。

二、美国创建绿色机关的主要做法及经验

1. 美国联邦政府公务用车情况知多少

根据美国劳工部劳工统计局的统计，近年来联邦政府系统雇佣的公务员，不含邮局员工，大约有200万余人，使得美国联邦政府成为美国最大雇主之一。在我们一般人的印象中，联邦政府的公务员们都在首都华盛顿上班，其实不然，数据显示约有85%的联邦政府公务员的办公地点分布在全国各地。可以想到，每天约有200万政府公务员穿梭在通勤路上，所产生的交通拥堵、能源消耗与空气污染，会是什么样。

首先，从政府公务用车说起。政府提高能源效率，优化用车人群，减少车辆污染排放，选用新能源车，这些都是与绿色机关创建息息相关的内容。

曾经，根据联邦总务管理局的统计资料，美国联邦政府问责办公

室（以下简称"问责办"）应国会参议院预算委员会的要求向他们提交了一份关于联邦政府公车车队的报告。这份报告指出，从2005年到2011年，联邦政府各部门公车的车辆总数有所增加，但由于能源政策法等法律要求政府车队提高能源效率，政府车辆使用新能源的比例大幅上升。

为实现节能减排，早在1992年的《能源政策法》就要求联邦政府新采购的轻型车辆，即轿车和越野车、公务车等车辆，使用替代燃料要占75%。问责办的报告显示，从2005年到2011年，国内资源部使用替代燃料的公车比例从3.7%提高到了24.6%，增幅达509%；退伍军人事务部则从12.8%提高到51.5%，增幅498%。即使像空军这样对车辆的动力和机动性要求甚高的部门，其公车使用替代燃料的也从9.8%增加到22.4%，增幅超过一倍。

从成本上来看，美国政府采购公车比市场价要便宜。2011年经由联邦总务管理局采购的公车（不算邮局系统）54957辆，耗资13亿美元，平均每辆车为24678美元。其中轿车17820辆，平均每辆16123美元。各类越野车、公务车等32740辆，平均每辆23555美元。

联邦政府管理公车使用的法规《美国联邦管理条例》，严格限制使用公车上下班，对公务用车和车辆购置标准等做出原则规定，是各个联邦政府机构制定自己的公车使用规定的基础。该条例的第5节第35款规定，总统、副总统和各部委首长可以使用公车上下班。这些首长在自己管辖范围内，还应该根据《美国法典》第31篇第13章第1344款第b条第1~7节的规定，对那些要去现场工作的、面对明确和现实危险的、紧急状况需要的以及出于业务考虑必需的人员，批准他们使用公车上下班。也就是说副部级和局级以下的官员，只要不符合以上这些规定,都是需要自己开车上下班。条例第40款还规定,哪些人可以使用公车上下班必须由部委首长批准,别人不能代批。也就是说,一旦被举报有人违规使用公车上下班,查证落实之后,这个部的部长要承担责任。

2. 美国联邦政府的"远程办公"

在节能减排方面,为了促进政府整体的资源节约和办公集约化,联邦政府除在每个机关内部用车促进节约外,还将整个政府作为一个整体,考虑如何减少通勤,实施集约化办公,减少资源浪费。其典型做法是联邦政府近年实施"工作地点选择"改革,也称"选择办公"项目。项目由联邦总务署和联邦人事总局推动,旨在节约办公楼建设及运营费用、减少能源消耗与空气污染、减轻交通拥堵等;同时,与政府运行持续性(COOP)计划结合,也避免因紧急情况可能导致的办公系统瘫痪。为此,美国联邦总务署还在大华盛顿都市区建立了17个集中的政府远程办公中心。远程办公中心是一个完全服务性的、职业的、方便的、可选的办公地点。远程办公中心为那些不愿或不能在家工作的、需要传统办公用品的雇员们提供了一个可选择的工作地点。远程办公中心所提供的工作地点,一般是由政府指定,其优势包括:工作地点靠近住所;减少上下班的通勤时间和费用;拥有像传统办公一样的工作支持;与居家办公相比,能减少工作中的干扰、分心;中心也能为远程办公者提供会议室。这项改革旨在实现节约办公楼建设及运营费用、减少能源消耗与空气污染、减轻交通拥堵和尾气排放等目的。其实质就是我们现在所说的远程办公(Telecommuting 和 telework 这两个词是由美国的Jack Niles 在1973年创造的)。

(1)远程办公的重要意义。联邦政府起初推行远程办公时进度十分缓慢,一方面是受信息交换技术、办公环境条件、办公管理水平等限制,另一方面是因为相对低廉的集中办公运营成本,能源消耗较低的社会现实,以及通畅的交通状况,没有提出分散、远程办公的迫切需求。尽管如此,联邦政府为何一定要推进远程办公呢?政府远程办公的目的主要基于节约办公费用、留住人才、节省能源、保护环境、减少交通拥堵和尾气排放等方面。美国联邦政府的远程办公实践,节约了能源,减少了碳排放。由于员工通勤次数减少,减少了汽车使用,使汽车尾气排放量减少;同时,由于办公室使用减少,实现了办公能源的节约,减少了碳排放。凯特·李斯特(Kate Lister)和汤姆·哈尼斯(Tom Harnish)在2008的研究表明,3300万美国人掌握着可以在家办公的工作。如果他们这么做,美国会大量降低对石油的依赖。根据来自环保局、交通部和其他7个部门的最新综合数据显示,远程办公可以减少24%～48%的波斯湾石油进口,减少温室气体高达6700万吨一年,并且每年节约75亿加仑汽油。这些新的远程工作者可以免去1540亿英里的驾驶和省下250亿美元的燃料费。

(2)远程办公的适用人群。政府远程办公通常适用于那些以脑力劳动为主的政府工作,从工作性质上看,政府的大部分工作都具有这一特征,尤其是高层级政府更加明显。据美国联邦总务署的分析表明,适合远程办公类型的工作通常占联邦政府工作的一半以上,而且比例呈现持续增加的趋势。但这也只说明了推进远程办公的客观可能性的存在,而要真正实现这种远程办公,还必须有现实动力,即有远程办公的必要性。

美国联邦人事总局和联邦总务署对联邦所属78个政府机构调查报

告的信息表明，2008年联邦共有196.3万名员工.其中10.3万名员工选择了远程办公方式工作，占员工总数的5.24%，占适合进行远程办公员工总数的8.67%。联邦所属的48个政府机构选择远程办公的人数，比上年有所增长，占政府机构总数的48%。

（3）相关立法支持。当然，美国对于任何一项改革都不只是说说，美国联邦政府通过议会立法手段，做好远程办公制度性建设；并通过联邦总务署、人事总局的行政指导，推动各个联邦行政机构完善各自的远程办公条件，促进远程办公工作。更为重要的是，由联邦总务署认定一些远程办公中心，作为远程办公人员工作地点选择。

作为远程办公制度的支撑，2010年7月，众议院通过了扩大联邦政府公务员在家工作选择权的法案，并要求各联邦政府机构必须安排一名负责远程办公项目的管理人员。2010年5月，美国参议院也通过了一项类似的法案。而在这之前的一系列法律制度，更是构成了远程办公改革的基本保障。如：1996年，美国第104届国会通过了国库、邮政及政府一般性拨款法案（Public Law 104—52），要求各联邦政府机构，如果政府授权工作人员在家办公，应为其配备必要的办公设备；1999年，美国第105届国会通过了公共汽车拨款法案（Public Law 105—277），开始允许列支政府雇员远程办公中心费用；2001年，美国第106届国会通过交通部及机关机构拨款法案（Public Law 106—346），明确要求所有的行政机构均应制定本部门的远程办公政策。同时，联邦人事总局按照要求制定了相关的解释性规定；2003年，美国第108届国会通过军事设施拨款与飓风应急补充拨款法案（Public Law 108—109），要求商务部、国务院、司法部、小企业局等联邦政府机构在下一财政年增加报告远程办公情况；2005年，美国第108届国会通过退伍军人部、住房与城市发展部及独立机构拨款法案（Public Law 108—447），再次要求商务部、司法部、国务院、小企业局、最高法院等部门报告远程办公情况。除了从国会立法方面进行各类制度的完善，政府管理规章和各部门的制度规定也开始进行完善。

2010年，美国联邦总务署按照国会的要求，对联邦管理规章中涉及有关远程办公的制度规定及其指导进行了完善，作为规范联邦政府机构远程办公的工作指南。联邦政府各部门根据指南制定本部门的相应制度。

3. 美国联邦政府的其他"绿色机关"行动

除了上文提到的美国联邦政府在"公务用车"及"远程办公"方面所付出的努力、经验及成果外，美国政府在建立"绿色机关"方面还下了其他功夫。

（1）政府办公场所在建设、使用、管理中，能源、资源消耗集中，也是各地区政府机关节约重点，基本标准是要符合环保、节能、节水等要求。美国加州政府总务部为此还专门制定了最优标准手册。以加州为例，绿色建筑不仅对门窗材质及其隔热、隔音等性能及其安装质量有要求，而且对办公家具的木材、配套金属、塑料零件、黏合剂和表面漆等都有标准，原料产地要求有"森林管理认证"。更细微的材料结构方面，节能型门窗玻璃，不仅要求其材质是中空的，而且安装和服务也必须达标；装修用的板材必须轻便、防腐、隔音、隔热和无有害释放等。

（2）在公共机构运行费用方面的节约。伴随着政府改革中对公共产品和服务需求细化、个性化的要求，政府的运行费用也在猛增，其中差旅、会议、接待等支出成为人员经费之外的最大开支项目，也是漏洞最多的项目。美国联邦总务署于2002年7月开始联邦政府差旅管理改革，并建立电子政府差旅服务系统（EST）。2002年，已经成功为联邦政府节省资金达3.45亿美元。2010年8月，EST进行了系统升级，增强了类似商务系统的差旅规划、预定、订票、还款、报告等功能，增加了网络会议和远程会商等功能，为拟定出差的参会者提供更多选择，为有效节省差旅会议支出提供便利。

三、日本创建绿色机关的主要做法及经验

1. 日本政府的"清凉公务"

为了减少碳排放，日本算是出了一个新奇的主意。日本中部的伊势崎市早前发起了名为"清凉公务"的环保运动。所谓"清凉公务"，就是要求该市的公务员们办公期间不穿西装，甚至连会让人汗流的胡子都不可以蓄。尽管起初招来的抗议声不断，可伊势崎市政府还是坚持执行这项规定，因为他们认为公务员们不穿西装、打领带、蓄胡须，就会少出汗，从而减少开空调的机会，这样就能节能减排了。

如今，"清凉商务着装"活动开展已有13个年头。在福岛核事故后节电需求上升的2011年，日本政府又开展了"超级清凉上午着装"的环保活动，较"清凉商务着装"更为轻便的职场"超级清凉商务着装"活动让职员们可以不穿外套、不打领带，夏威夷衫、Polo衫、运动鞋等着装也可出现在办公室。日本环境省也一直与百货商场等合作，在全国各地通过时装秀、谈话活动等宣传清凉着装。2017年度清凉商务的实施期间是从5月1日至9月30日，超清凉商务的实施期间是

从6月1日起。清凉商务运动开展的口号是"舒适、健康、美丽",但是,让日本政府痛下决心做出改变的,其实并非是员工们夏天是不是舒适、健康、美丽,而是二氧化碳排放量亟须减少以及3·11大地震后的电力紧张,于是才决定将办公室空调设为28摄氏度,"顺便"给套装包裹的员工松松绑、解解压。这项运动已经推行10余年,民众接受度已达九成之高。

2. 日本政府建立节约型政府的相关法律制度及政策

除了这些生动有趣的日常节能减排行动外,日本在建立节约型政府的工作上也有自己健全的法律制度。例如,日本在政府绿色采购上有自己的立法制度。日本政府绿色采购立法始于"政府操作的绿色行动计划"的制订。其中第一计划在1995年开始实施,要求所有公共机构都要按照计划要求设定自己的部门计划。《绿色采购法》也是绿色采购法律体系的重要一环,要求政府部门、立法部门以及司法机关等所有中央级别的机构都必须制订并实施绿色采购年度计划。同时信息公开也是该计划的特色,各个机关还应当及时向环境部长提交年度实施报告并向社会公开。为了实现采购环保产品、服务的目标,地方政府为绿色采购信息的交流提供相应的实施计划。除此之外,日本政府为有效实施绿色采购政策,还建立了相关信息数据库。在一系列措施的实施下,政府绿色采购效果显著。调查数据显示,仅仅一年后,就有74%的供应商绿色产品的销量增加,有75%的供应商推出新的绿色产品。

绿色工作是指低资源消耗的工作,广义的是任何与生态可持续发展协调的工作;狭义的是环境卫生、环境保护、农业科研、护林绿化等行业工作。人们还将从事绿色工作的人称为"绿领"。绿色政府中的绿色工作要求包括减少工作中的资源消耗。早期由于整个社会的节能意、环保观念并不强烈，环境危机意识也较弱，一些绿色政府措施也曾遭遇挑战。比如，为促进政府节约能源，日本首相大平正芳、羽田孜分别于1979年、1994年在机关内推行"节能装"，均告失败。但是，在目前环境问题日益严重，环保主义盛行的形势下，绿色政府的做法得到越来越多的认同。

第五章

关于未来——迎接新挑战　踏上新征程

我国政府自倡导绿色机关创建以来，国家机关事务管理局认真组织筹划、统筹管理、指导实践，各级政府高度重视、积极探索、示范典型、成果显著。绿色机关创建为节约我国有限的能源和资源，提高政府运行效能，影响社会形成绿色生活方式，特别是为全球气候变化都做出了不可忽视的巨大贡献。

然而，面对新时代绿色低碳循环发展的新要求，在全国各级政府机关开展绿色机关创建还有很多事情可做，仍有很大的节能空间有待发掘，潜力巨大；面对我国幅员辽阔、气候多样、地区间发展不平衡的现实情况，各地各级政府在观念理念、技术支持、落实措施和取得成效等方面仍有很大差距，面临巨大挑战。

本章将从国内和国际两个方面，带领读者共同展望绿色机关创建的发展前景和努力方向。

第五章 关于未来——迎接新挑战 踏上新征程

第一节 践行绿色发展理念 建设美丽中国

多年来,各地区、各部门持续推进公共机构节约能源资源工作,在降低能源资源消耗和提高利用效率方面取得明显成效,绿色机关创建工作值得肯定。从中央政府及国家机关到地方各省级、地市级和区级政府机关高度重视绿色机关创建工作,积极开展实践,从加强组织领导、统筹谋划设计,健全制度标准、完善分类评价,强化监督考核、推进休息公开,落实资金保障、鼓励社会资本,强化技术支撑、确保节能实效,实施重点工程、提升节能效果,积极宣传推广、增强节能意识,完善培训机制、提升人员素质等八个方面狠抓工作落实。

党的十九大报告提出,推进绿色发展,倡导简约适度、绿色低碳的生活方式,开展创建节约型机关、绿色家庭、绿色学校、绿色社区和绿色出行等行动,为绿色机关创建工作指明了方向。站在新时代的历史起点上,政府机关要深入贯彻党的十九大精神,以习近平新时代中国特色社会主义思想为指引,要把贯彻落实中央精神要求与自身发展实际结合起来,围绕"十三五"规划,更深入推进绿色机关创建宣传工作,进一步发挥政府机关节能示范引领效果和对生态文明建设的促进作用;牢固树立绿色发展理念,坚持节约集约循环利用的资源观,充分发挥带头示范作用,继续积极主动作为,创新方式,深挖潜力,探索、总结发展规律,找准弱项短板,制定行动方案,推进绿色机关创建工作在加快生态文明体制改革、建设美丽中国中发挥新作用、展现新气象、实现新作为；及时研究新情况、解决新问题、推广新经验、一级抓一级、层层抓落实，着力提高能源资源利用综合效益；引导企业更新技术，引进清洁生产，改良生产技术，生产绿色产品；引领全社会共同践行绿色生活方式，实现高效节能，低碳减排，促进形成勤俭节约、节能环保、绿色低碳、文明健康的社会风尚，为建设生态文明和美丽中国做出更大贡献。

一是切实增强责任意识。要把宣传工作作为推进公共机构节能的一个重要手段，进一步更新理念，增强作好宣传工作的责任意识，积极谋划，主动推进，把宣传工作作为其他节能工作的先导，为新开展的工作做好铺垫。

二是突出重点抓在经常。要将节约型示范单位创建与能效领跑者评选、《公共机构节能条例》实施10周年、生活垃圾分类等作为重要宣传点开展宣传工作。对其他节能工作要策划好宣传要点，细分宣传主题，找准选题，做好宣传工作布局，努力做到"月月花开，四季芬芳"，推进建立稳定的信息报送机制，确保对各项工作都能宣传到位。

三是着力打造宣传品牌。创新宣传理念，将传统媒体和新媒体结合，积极争取条件，利用好"三微一端"（微博、微信、微视和手机客户端）等新的宣传手段，发挥新媒体的宣传优势，进一步扩大受众面和传播度。同时，拓展宣传工作的广度和深度，从细从小入手，将工作向基层延伸，着力在讲好"节能故事"方面下功夫，在打造节能宣传大品牌上作努力，争取尽快培育出带有鲜明行业特色，社会关注度和认可度较高的宣传品牌。

四是培养队伍提升能力。进入新时代，新矛盾、新问题、新情况、新知识、新经验层出不穷,要直面新的实践的检验和挑战,积极创造条件,加强对干部综合能力的培养,为公共机构节能事业的发展,为中坚力量的成长,为年轻干部的成材,多尽一份努力,共同打造一支专业特长明显、综合素质全面的人才队伍。

第二节 应对气候变化目标 贡献中国方案

应对气候变化是人类共同的事业。中国人口众多,气候条件复杂,生态环境脆弱,是最容易受到气候变化不利影响的国家之一。作为世界上最大的发展中国家,中国政府高度重视全球气候变化问题,把应对气候变化纳入国民经济和社会发展规划,把绿色低碳发展作为生态文明建设基本途径,并在中央和地方政府建立了应对气候变化领导小组或跨部门的协调机构,扎实推进应对气候变化各项工作。

"十三五"时期,中国将从基本国情和发展阶段特征出发,大力推进生态文明建设,推动绿色循环低碳发展,把应对气候变化融入国家经济社会中长期规划,坚持减缓和适应气候变化并重,通过法律、行政技术市场等多种手段全力推进各项工作。2015年气候变化巴黎大会前夕,中国政府进一步提出了2020年以后应对气候变化国家自主贡献的行动目标:二氧化碳排放2030年左右达到峰值并争取尽早达峰,2030年单位国内生产总值二氧化碳排放比2005年下降60%~65%,非化石能源占一次能源消费比重达到20%左右,森林蓄积量比2005年增加45亿立方米左右。

中国政府也将一如既往地履行自己在《公约》下承诺的义务,坚持共同但有区别的责任原则、公平和各自能力,积极承担与中国基本国情、发展阶段和实际能力相符的国际义务,落实国家适当减缓行动及强化应对气候变化行动的国家自主贡献,积极参与应对全球气候变化谈判,推动建立公平合理、合作共赢的应对全球气候变化治理体系,深化气候变化多双边对话交流与务实合作,充分发挥气候变化南南合作基金作用,支持其他发展中国家加强应对气候变化能力建设。

在当前我国"走出去"战略的大背景下,一方面,我们需要继续充分借鉴国际经验,为加快生态文明建设提供支持;另一方面,我们需要承担与自身能力相匹配的国际环境责任,在加快解决国内突出资源环境问题的同时,通过绿色"一带一路"建设、联合国环境保护南南合作平台、国际环境公约履约等,向国际社会、特别是发展中国家传播、推广和共享生态文明建设的理念、经验和最佳实践,推动生态文明走向世界,成为世界性语言和价值观,展现作为负责任大国的担当和形象,为全球可持续发展提供中国理念、中国道路、中国方案和中国贡献。

总而言之,面对国内和国际的节能减排形势,要实现上述目标,政府机构节能减排率先垂范的作用不可小视,我国各级政府更应该高度重视、建章立制、采用节能技术、优化能源结构、迎接新的挑战,踏上绿色机关创建更高阶段的新征程。清新空气、干净水质、优美环境——人们越来越期盼;绿色发展、低碳发展、循环发展——我们任重而道远。机遇与挑战并存,困难与希望同在。推进公共机构绿色发展,人人有责、人人尽力、人人可为、人人共建、人人共享。各级公共机构要坚持知行合一、从我做起,坚持步步为营、久久为功,为实现蓝天常在、青山常在、绿水常在,建设美丽中国做出新的贡献。未来,廉洁高效、运筹帷幄、高瞻远瞩的政府机构将引领中国向着"两个一百年"实现"中国梦"的目标迈进。

参考文献

[1] 财政部 环保总局关于环境标志产品政府采购实施的意见,[EB/OL] http://www.mee.gov.cn/gkml/hbb/gwy/200910/t20091030_180693.htm

[2] 节约型机关评价导则,[EB/OL]. http://61.135.227.80/news/56186?flag=gather_news&act=gather_news_a12018-1-28

[3] 节约型公共机构示范单位及公共机构能效领跑者评价标准,[EB/OL]http://61.135.227.80/news/56182?flag=gather_news&act=gather_news_a1,2018-3-28

[4] 中央和国家机关节约型办公区评价导则,[EB/OL] http://61.135.227.80/news/56183?flag=gather_news&act=gather_news_a1,2018-1-28

[5] 公共机构能源管理体系操作手册,[EB/OL] http://61.135.227.80/news/56207?flag=gather_news&act=gather_news_a1,2018-1-28

[6] 《中华人民共和国节约能源法》(2016年7月修订),[EB/OL] http://61.135.227.80/news/56194?flag=industry_news&act=industry_news_a1,2018-1-28

[7] 公共机构节能条例，[EB/OL] http://61.135.227.80/news/50645?flag=industry_news&act=industry_news_a1，2018-1-28

[8] 中央国家机关及所属在京单位节约用水管理办法，[EB/OL] http://61.135.227.80/news/39956?flag=industry_news&act=industry_news_a1，2018-1-28

[9] 关于印发公共机构节能"十二五"规划的通知，[EB/OL] http://61.135.227.80/news/45959?flag=industry_news&act=industry_news_a1，2018-1-28

[10] 国家发展改革委有关负责人就《节能减排"十二五"规划》答记者问，[EB/OL]http://61.135.227.80/news/43226?flag=industry_news&act=industry_news_a1，2018-1-28

[11] 中华人民共和国节约能源法（2007修订），[EB/OL]http://61.135.227.80/news/51101?flag=industry_news&act=industry_news_a1，2018-1-28

[12] 合同能源管理项目财政奖励资金管理暂行办法，[EB/OL] http://61.135.227.80/news/49380?flag=industry_news&act=industry_news_a1，2018-1-28

[13] 关于在中央和国家机关推进餐厨垃圾就地资源化处理的通知，[EB/OL] http://ecpi.ggj.gov.cn/news/37624，2018-3-28

[14] 国家发展和改革委员会，中国应对气候变化的政策与行动2017年度报告，[EB/OL]http://qhs.ndrc.gov.cn/gzdt/201710/t20171031_866086.html，2018-3-28

[15] 国家机关事务管理局 国家发展和改革委员会，公共机构节约能源资源"十三五"规划http://ecpi.ggj.gov.cn/news/37103?flag

=industry_news&act=industry_news_a1，2018-1-28

[16] 关于推进党政机关等公共机构生活垃圾分类工作的通知（国管节能〔2017〕180号）http://ecpi.ggj.gov.cn/news/35337，2018-1-28

[17] 节约能源资源 推进绿色发展，[EB/OL] http://ecpi.ggj.gov.cn/news/58267?flag=home，2018-03-26/2018-4-9

[18] 依依，政府机关绿色办公大有可为[J]，环境教育，2009（5）:33-34

[19] 李爽，政府机构"呼唤绿色"[J].政府机构节能，2007（3）:15

[20] 沈兴兴、刘尊文、张小丹，政府绿色采购——来自环境友好型社会的召唤[J]，中国政府采购，2007（1）:56-57

[21] [美]阿尔·戈尔，邵志军 译，我们的选择——气候危机的解决方案[M]，长沙：湖南科学技术出版社，2011:2-3，56-60

[22] 王洪锁，张锐锋，贾春香，基于PUE评价指标的数据中心的绿色IT技术[J].中国管理信息化.2014，17（2）:111-113

[23] 李克强对持续推进公共机构节约能源资源工作作出重要批示，[EB/OL] http://ecpi.ggj.gov.cn/news/12865?flag=home，2017-10-25/2018-4-9

[24] 聚焦宣传群策群力 助力节能出新出彩，[EB/OL] http://ecpi.ggj.gov.cn/news/58324?flag=home，2018-4-3/2018-4-12

[25] 文明用餐从我做起，反对浪费机关带头——中央国家机关"文明用餐、反对浪费"行动见成效[J].中国机关后勤，2014（2）:14-15

[26] 孟祥夫.国博 一增一降见节能[N].《人民日报》，2017年6月16日

09版

[27] 中国民用航空局官网 [J/OL].http://www.caac.gov.cn/，2017-6

[28] 中国民用航空机关服务局，《中国机关后勤》，2011（06）

[29] 北京节能环保中心官网 [J/OL] http://www.beec.gov.cn/

[30] 《关于印发2017年本溪市公共机构节约能源资源工作要点的通知》，本溪市公共机构节能工作领导小组[Z].2017（04）

[31] 姚成，项长彬.倡导低碳 节能降耗 大力加强节约型机关建设[J].中国人民防空，2010（10）:52-53

[32] 吴江区文明办，机关单位也有"绿色存折"，[EB/OL]http://wm.jschina.com.cn/9654/201506/t2218957.shtml

[33] 市级机关事务管理局创新形式市级机关事务管理局创新形式,[J/OL]，http://www.yangzhou.gov.cn/yzgov/lsjg/201208/67c8ccdd8bef44fb91e154f4898052fb.shtml

[34] 南京市节能监察中心.举办2016年南京市能源管理人员培训班.[J/OL] 2017-11-1.http://www.njjn.org.cn/news/175.html

[35] 南京市节能监察中心.南京市举办2013年重点用能单位能源管理业务培训[J/OL].2017-11-[1]. http://www.njjn.org.cn/news_detail/newsId=46.html

[36] 陈明达.创建绿色机关 推进节能减排工作，[EB/OL].2017-11-1. http://theory.people.com.cn/GB/49154/49156/6718302.html

[37] 深圳特区报.以"绿色智慧"创新公共机构节能"深圳模式"[J/OL].2017-11-1.http://sztqb.sznews.com/html/2017-06/13/content_3817326.htm

[38] 四川省人民政府."政风带民风"的绿色探索——民生视角下的

公共机构节能透析[J/OL].2017-11-1.http://www.sc.gov.cn/10462/10464/11716/11718/2016/9/14/10395739.shtml

[39] 四川省机关事务管理局.关于征求《四川省公共机构节约能源资源"十三五"规划(征求意见稿)》修改意见的函 川机管函〔2016〕161号[J/OL].2017-11-1.http://www.scggjn.gov.cn/info/detail.jsp?infoId=B000002191

[40] 四川省机关事务管理局.四川省公共机构节能工作简报[2016](12)84期[EB/OL].2017-11-1.http://www.schouqin.gov.cn/web/scjg/xwdt/jgjb/10304150.html

[41] 银川市行政中心.推进节约型机关建设 引领社会绿色发展[J/OL].2017-11-1.http://mp.weixin.qq.com/s/FNRiZZEn8ueTGvymoM6GuQ

[42] 国家机关事务管理局办公室.ESCO的服务与"联邦政府建筑物节能促进计划"[J/OL].2017-11-1.http://ecpi.ggj.gov.cn/gwzl/200909/t20090921_268379.htm

[43] Shonder J, Morofsky E, Schmidt F, et al. Best practice guidelines for using energy performance contracts to improve government buildings[J]. Paris: International Energy Agency, 2010:1-20.

[44] 李洺.国(境)外节约型机关的做法及借鉴[J].中国行政管理,2012(8):100-104

[45] 李明.美国联邦政府远程办公改革及其对我国节约型机关建设的启示[J].中国行政管理,2011(1):24-27

[46] 羊城晚报.美国政府有多少公务员及公车?[J/OL].2013-12-16.http://news.163.com/13/1214/14/9G2HULQR00014AED.html

[47] 李干杰：深入贯彻习近平生态文明思想 以生态环境保护优异成绩迎接新中国成立70周年——在2019年全国生态环境保护工作会议上的讲话，[EB/OL]http://www.mee.gov.cn/xxgk2018/xxgk/xxgk15/201901/t20190127_691113.html，2019-1-28

[48] 习近平：坚决打好污染防治攻坚战 推动生态文明建设迈上新台阶，[EB/OL]https://www.cenews.com.cn/news/201805/t20180519_874748.html，2019-1-28